JN024842

仮説構築の論理

AKAGAWA, Motoaki

赤川元昭 ［著］

東京　白桃書房　神田

はじめに

　科学的な発見や法則とは，どのような特徴をもち，そして，どのようにして生み出されたのであろうか。本書では，「仮説とは何か」という問題と「仮説を生み出す論理は存在するのか」という2つの問題を取り扱う。

　本書は科学的方法論というジャンルに属するが，科学的方法論で取り扱われる話題を網羅的におさえたものではない。「仮説構築プロセス」を中心的に取り上げ，「仮説はどのようにして生み出されるのか」という問題に注目して，主に議論を行うものである。

　なぜ，仮説構築なのか。その理由は，仮説構築プロセスがもっとも神秘に満ち溢れていると思うからである。程度の差はどうであれ，仮説とは飛躍である。飛躍にとんだ仮説を目にするたび，どのようにして，その発想が生み出されたのかと不思議に思う。そして，その飛躍が単なる偶然や特別な才能によって生み出されたのではないのだとすれば，人間がごく当たり前にもつ思考の流れ（これを論理としよう）は，どのようにして仮説という飛躍に到達するのだろうか。本書のタイトルである「仮説構築の論理」が意味するのは，このような問題意識だと思っていただければ幸いである。

　本書の構成とその主な内容は次の通りである。

第1章　仮説とは何か

　　　　第1章では，「仮説（hypothesis）とは何か」という問題を取り扱う。科学的な仮説の構築に関するこれまでの議論を踏まえた上で，科学的な仮説のもつ重要な特徴を3つの点にまとめる。また，本書の中心的なテーマである「仮説を生み出す論理は存在するのか」という問題につ

いて，一般的な見解を紹介したうえで，この章以降検討を行う具体的な課題を提示する。

第2章　ベーコンと新しい帰納法

　　　第2章では，F. ベーコンの主要著作である『ノヴム・オルガヌム』をひも解きながら，「仮説とは何か」と「仮説を生み出す論理は存在するのか」という2つの問題を再び議論する。科学的方法論において，これまで，ベーコンはおおむね批判の対象であった。しかし，「仮説とは何か」という問題に対しては，ベーコンが仮説という概念を決してなおざりにせず，現代の科学的方法論にも通じる見解をもっていたこと。そして，「仮説を生み出す論理は存在するのか」という問題に関しては，のちの「消去による帰納法」の原型となるような新しい帰納法を考案したことを指摘する。ベーコンは科学的方法論の創始者に他ならないのである。

第3章　消去による帰納法

　　　ベーコンが考案した新しい帰納法は，その約2世紀後，経済学者としても著名な J. S. ミルによって，「消去による帰納法」として定式化される。ここでは，消去による帰納法の概要を紹介したうえで，それが仮説構築の論理に他ならないことを指摘するとともに，ベーコンの考案した帰納法との共通点と相違点について議論する。

第4章　パースと科学の方法

　　　この章では，プラグマティズムの始祖として著名な C. S. パースの業績のうち，彼の科学的方法論の概要と論理学の特徴について議論する。この章は，次章の「アブダクションの論理」を議論するうえで

の導入部となる役割を果たしている。

第5章　アブダクションの論理

　　　　パースの業績の中でも最も注目を浴びているのは，アブダクションの論理である。ここでは，アブダクションという推論のもつ特徴を整理したうえで，この推論がまさに仮説構築の論理に他ならないことを指摘する。そして，科学的方法において，アブダクション，妥当な演繹法，帰納法という3種類の推論が，パースのいう科学的な探求において欠かすことのできない基本的な論理であることを説明する。

もくじ

第1章

仮説とは何か

What is a Hypothesis?

I. 仮説とは何か

1. 妥当な演繹法と枚挙的な帰納法

　　　　科学的な発見や法則とは，どのような特徴をもち，
そして，どのようにして生み出されたのであろうか。この章では，科学的な
仮説（hypothesis）のもつ重要な特徴を3つの点にまとめる。その考察の切り
口になるのは，次の2つの立場から見た仮説構築プロセスである。1つは，
素朴な帰納主義の立場と，そして，もう1つは，ポパーによる反証主義の立
場である。

　ここでいう，素朴な帰納主義とは，事前的な知識なしに，枚挙された観察
事実に共通する特徴を一般化することによって，科学的な発見や法則が導き
出されるという立場だとしよう。この立場によると，さながら，白紙（tabu-
la rasa）に文字が書きこまれるように，観察事実や実験結果を積み重ねるこ
とによって，その集積から科学的な法則が生み出されることになる。

　もちろん，これら2つの立場について議論するだけでは，これまで主張さ
れた仮説構築の方法論を網羅的に取り上げたことにはならない。だが，科学

的な仮説が生み出されるプロセスを主に論理学的な側面から議論しようとする本稿にとっては，議論を集中させるうえで都合のよいものだと思われる。その理由は，仮説構築に対する両者の説明付けはお互いにまったく相容れないものであり，その際立った対照性が仮説構築における問題点を鮮明にしてくれると思うからである。たとえば，前者の立場では，科学的な仮説が生み出される推論プロセスと，仮説が検証される推論プロセスを枚挙的な帰納法（enumerative induction）によって説明付けるものであり，これに対して，ポパーによる反証主義の立場は，これらのプロセスから徹底的に帰納法を排除し，演繹法（deduction）のみによって説明付けるものである。また，帰納法と演繹法は，論理学において明確に区別される推論形式であり，これらの点で，本章の議論には格好の材料を提供してくれると思われるからである。

　まずは，帰納法と演繹法の相違点を確認することにしたい。論理学において，推論形式は2つの種類にはっきりと区分される。妥当な（valid）推論と非妥当な（invalid）推論である。この区分の基準になっているのは，推論形式のもつ「真理保存性（truth-conservativeness）」という特徴である。真理保存性とは，前提となる命題が100%正しい場合において，結論となる命題も必ず100%正しくなるかどうかを意味しており，これは妥当な演繹法だけがもつ特徴である。
　妥当な演繹法の例を取り上げてみよう。次の例は前件肯定の演繹法と呼ばれる妥当な演繹法である。

（1. 妥当な演繹法）
　前提1　ソクラテスが人間ならば，ソクラテスは必ず死ぬ（AならばB）
　前提2　ソクラテスは人間である（Aである）
　結　論　ソクラテスは必ず死ぬ（Bである）

演繹法の解説でよく登場するようなおなじみの例である。この例で見るよ

うに，前件肯定の演繹法は，前提 1 と前提 2 が 100% 正しいとすれば，結論
も必ず正しくなるという特徴をもっている。これは当然のことだろう。なぜ
ならば，この結論は 2 つの前提から必然的に引き出せるものであり，もとも
と 2 つの前提がもっていた情報以外に付け加えられた情報など何もないから
である。つまり，妥当な演繹法のもつ真理保存性という特徴とは，推論にお
いて，新しい情報を一切付け加えないことによって保証されていることにな
る。

　これに対して，非妥当な推論とは，前提がたとえ 100% 正しかったとして
も，結論が 100% 正しくなるとは限らないような推論を指している。そし
て，こうした特徴をもつ推論の代表が枚挙的な帰納法である。枚挙的な帰納
法では，ある集合の観察された成員に関する前提から，その集合のすべての
成員に関する結論が引き出される。たとえば，ある袋の中にコーヒー豆が
10 kg 入っているとして，その中の 100 g だけをサンプルに取り上げ確認し
たところ，品質基準に合わない豆が 1% あったとする。この限られた観察事
実を前提にして，袋の中のコーヒー豆全体についても同じく品質基準に合わ
ない豆が 1% 含まれるだろうと結論付けるような推測が，枚挙的な帰納法で
ある。コーヒー豆の例で示される推論形式は，次のようになる。

（2. 枚挙的な帰納法 1）

　　前　提　（観察されたサンプルの）コーヒー豆の 1% は品質基準以下である
　　結　論　（母集団の）コーヒー豆の 1% は品質基準以下である

　この例で見るように，「コーヒー豆の 1% は品質基準以下である」という
部分については，前提も結論もまったく同じである。ただ単に，限られた観
察事実に関する前提が，その母集団全体にも共通する結論として一般化され
ただけである。

　だが，この「（母集団の）コーヒー豆の 1% は品質基準以下である」という
結論には，袋の中の残りの豆 9.9 kg の品質についての情報が含まれている

という点で，前提以上の情報量をもつといえる。このため，前提となる命題が 100% 正しいとしても，前提に含まれていない情報については，その真偽がまだ確認されていないのだから，結論は 100% 正しいとはいえない。たまたま，不良品率の少ないサンプルを取り上げたことや，その逆に，不良品率の高いサンプルを取り上げたことも考えられるからである。サモンによれば，帰納的論証（ここでは，論証と推論は同義である）のもっとも単純なタイプが，この枚挙による帰納である[1]。

　さて，袋の中のコーヒー豆全体について，全品検査を行った場合（この場合には，すでにサンプルとはいえないが），前提が 100% 正しければ，結論も 100% 正しくなる。これは，完全枚挙が行われた場合の帰納である。この完全枚挙の帰納については，ここでは除外して議論することにしたい。この場合，枚挙的な帰納法とは，前提となる命題に含まれる以上の情報を生み出すという特徴をもつ反面，その情報はいわゆる帰納法的な飛躍に過ぎず，結論の真理保存性は保証されないものになる。

　以上述べたように，妥当な演繹法とは，推論プロセスにおいて新しい情報がまったく付け加わらないゆえに，真理保存性が保証される推論形式であり，その反対に，枚挙的な帰納法とは，推論プロセスにおいて新しい情報が付け加わるゆえに，真理保存性が保証されない推論形式である。このように，新しい情報の獲得と真理保存性とは相反するものであり，演繹と帰納という 2 つの推論形式もまた，まったく対照的な性質をもつといえる。

　さらに，次のような帰納についても，ここでは，ひとまず除外することにしたい。

（3. 枚挙的な帰納法 2）

　前提 1　　カンガルーの新生児は，母親のお腹にある袋の中で過ごす
　前提 2　　ワラビーの新生児は，母親のお腹にある袋の中で過ごす
　結　論　　有袋類の新生児は，母親のお腹にある袋の中で過ごす

このような帰納法を議論から除く理由は，この推論が完全枚挙の帰納だからではない。これも枚挙的な帰納法に他ならない。有袋類には，カンガルーとワラビーのほかにも，コアラやウォンバットなど，様々な動物が存在するからである。したがって，この例における帰納法もまた，すべての有袋類の新生児が母親のお腹にある袋の中で過ごすとは限らないという点で，前提に含まれる以上の情報が結論において導き出されている。ただし，この例では，前提が結論にただ単純に一般化されただけではなく，異なる概念に変換されている。カンガルーとワラビーという個別の動物名は，有袋類という上位カテゴリーの概念に置き換えられており，この推論では，カンガルーもワラビーも，有袋類であるという知識なしには，導き出せないような結論が生じているからである。ここでは，あくまでも，前提となる観察事実のみから結論を引き出せるような帰納法だけに議論を集約したいと思う。

2. 素朴な帰納主義から見た仮説構築

科学的な発見や法則のもつ特徴を考えるにあたって、まずは，帰納法による仮説構築プロセスから取り上げてみることにしたい。科学という活動が，これまで新しい発見や法則といった知識をわれわれにもたらしてきたという事実は見逃せない。そして，演繹法には新しい情報を生み出すような特徴がない以上，科学的な発見や法則は帰納法によって生み出されたと考えられても不思議はない。実際のところ，科学的な仮説の構築に関する古典的な説明付けは，帰納法によるものである。

前節では，コーヒー豆の品質検査の例を取り上げ，枚挙的な帰納法の特徴を整理した。だが，枚挙的な帰納法は，10 kg 入りの袋という限られた母集団に関する結論を推測できるだけではない。物理学の法則のように，観察事実が無限に存在するような母集団に関する結論を推測することもできる。そして，素朴な帰納主義の立場では，限られた観察事実に共通するような特徴を一般化することによって，科学的な発見や法則が得られると主張する。

ただし，科学的な発見や法則が，単純な一般化によって生み出されたという主張については，疑問も多く出されている。その１つの理由としては，観察事実を単純に整理することによって，そこに何らかの共通する特徴や法則性が見い出せたとしても，そのような特徴を科学的な発見や法則とは呼ばない場合がきわめて多いからである。ハンソンは，次のような例を取り上げている。

　「斜めに切った鏡が太陽光線のスペクトルを示すことの原因は，すべての斜めに切った鏡がそうであるというだけでは説明できない。帰納説では，この，すべてのプリズムがそうである，という一般化自体も，法則の中に数えられてしまう」[2]

　プリズムによって太陽光線のスペクトルが常に観察できるのだとしても，そのことが科学的な発見や法則に値するわけではない。それは常識のカテゴリーに含めてしまったとしても，まったく問題ないように思われる。極端な例であるが，もし，観察事実を単純に整理することによって，そこに何らかの共通する特徴が見い出せたとしても，さすがに，「太陽が東から昇る法則」などは存在しないだろう。もし，このような法則が存在するのだとすれば，この世の中は，あふれかえるほどの科学的法則で満ちていることになる。

　つまり，観察事実を整理することによって，われわれが一般化された何らかの法則性を得られることは否定できないのだが，こうした法則性が科学的な発見や法則という名に値するとは限らない。むしろ，こうした法則性の多くは，われわれの常識や習慣を形成するような知識といって差し支えない。その点で，太陽が東から昇ることは，科学的な発見や法則などではなく，あくまでも常識の範疇にとどまるのである。

　では，科学的な法則と常識を区別するものは何なのだろうか。いま仮に「仮説」という概念の有無にあると考えてみることにしよう。仮説とは，その名のとおり，「真偽がまだ確定していない説明付け」のことである。先ほどの「太陽は東から昇る」という常識を例に取り上げ，この仮説という概念

に照らし合わせ，検討してみたい。ここでは，仮説という概念のうち，特に「説明付け」という部分に注目することにしよう。結論からいえば，「太陽は東から昇る」といった法則性は，科学的な法則とはいえない。あくまでも常識の範疇にとどまるものである。なぜならば，このような法則性は，なぜ太陽が東から昇るのかという理由については，何も説明してくれはしないからである。ただ，太陽が東から昇ることは，これまでそうだったのだから，たぶん，これからもそうだろうということだけである。

　現在，われわれは太陽が東から昇る理由を知っている。それは太陽に対して，地球が西から東の方向へ自転しているからである。だが，このような説明付けは，太陽が東から昇るという事実を単純に整理したとしてもなかなか得ることができない。やはり，そこには何らかの思考的な飛躍が必要になるはずである。つまり，その真偽は明白とはいえないのだけれど，こう考えたとすれば，太陽が東から昇る理由をうまく説明できそうだといった，観察事実に関する本質的な特徴を明らかにするような概念の有無である。

　これまで取り上げてきた枚挙的な帰納法は，確かに飛躍をもつ推論形式であるが，それは，限られた観察事実のもつ特徴が母集団にも共通するというような単純な一般化でしかない。太陽が東から昇るという観察事実は，それこそ，いくらでも積み重ねることができる。だが，こうした事実をいくら積み上げたところで，地球の自転という，観察事実にかかわる本質的な特徴を明らかにするような概念が得られるのかといえば，枚挙的な帰納はお手上げの状態になってしまう。地球が西から東へと自転しているという「説明付け」は，太陽が東から昇るという「事実」から単純には引き出せないのである。このような点で，科学的な仮説というものが，観察事実をただ単純に一般化することによって生み出されたと主張することには，やはり無理がある。ハンソンも，先ほどのプリズムと太陽光線のスペクトルの話を例に出した後，引き続き，次のように述べている。

　「なぜプリズムが太陽光線のスペクトルを示すのか，という点が説明され

て始めて，本来考えられているような形での法則（この場合は，ニュートンの屈折法則）が得られたと言えるであろう。それゆえ，法則は，データから推論によって得られるものである，という帰納説の指摘は正しいが，しかし，法則は，こうしたデータ群の総括に過ぎない（本来は，データ群の説明とならねばならないはずであるにもかかわらず）という帰納説の指摘は誤っている」[3]

　さて、仮説という「説明付け」が重要であることを示すために，ここで取り上げた事例は，自然科学に関するものであった。だが，仮説という説明付けが重要であるのは社会科学においても同様である。社会学者の高根は，社会科学の研究方法を記述的研究（観察事実を正確に記録することを目的とした研究）と，説明的研究（観察事実の説明付けを目的とした研究）に分けたうえで，正確な記述は，説明的研究に進むための欠かせない前提ではあるが，単なる記述で終わってしまうなら，それは科学として，現象を理解しようとする本来の目的を放棄したことになるとまで述べている[4]。
　これまで述べてきたことから，科学的な仮説のもつ重要な特徴をまとめるならば，次のようになるだろう。

　・仮説とは，観察事実そのものやその単なる集積ではなく，観察事実が生じる理由や原因を説明付けるものである。

　科学的な仮説とは観察事実の集積そのものではなく，観察事実を説明付けるような概念であるという見解はおおむね間違ってはいないだろう。ただし，科学的な仮説が単なる観察事実の集積とは異なるものだとしても，仮説が観察事実からは直接導き出せないとまではいい切れない。なぜならば，科学的な発見や法則の中には，観測事実を一般化することによって導き出されたと考えることが可能なものも少なからず存在するからである（その例については後述する）。
　このような点で，帰納法的な推測が科学的な発見や法則を生み出さないと

まで断言することはできないし，仮説という概念が科学的な知識とそれ以外の知識を明確に区分する分水嶺であるとは思えない。ただし，科学的な発見や法則というものが，いわゆる常識とは異なり，これまで知られることのなかったような新しい概念を指し示している場合が多いということと，また，その新しい概念が観察事実を単純に一般化することで生み出されたとは考えにくい場合も多く存在するという主張は間違ってはいないだろう。

　たとえば，ボイル＝シャルルの法則を取り上げてみよう。この法則は，気体の体積が圧力に反比例するというボイルの法則と，気体の体積が絶対温度に比例するというシャルルの法則を組み合わせたものである。そして，いずれの法則についても，限られた観察事実に共通する特徴を一般化することによって，科学的な法則が導き出されたと考えることが可能である。

　だが，ボイルやシャルルが何ら仮説をもつことなしに，観察された事実を単純に整理して，こうした法則を生み出したとは，やはり考えにくいのである。たとえば，ボイルが気体の体積と圧力との関係を観察するためには，何らかの実験装置を必要としたはずだし，こうした実験装置がやみくもに作られたとは思えないからである。少なくとも，気体の体積と圧力との間には何らかの関係があるのではないかという程度の推測ぐらいは，最低限，ボイルはもっていたはずである。

　実際のところ，ボイルは素晴らしい仮説をもっていた。それは，気体が切れ目なく均質的に空間を満たしているのではなく，実は，非常に小さな粒子からできていて，その小さな粒子が空間の中で絶えず運動しているというイメージである。いま，こうした小さな粒子が限られた空間，たとえば密閉された箱の中に閉じ込められているとしよう。その空間の体積を半分にした場合，どのような結果が生じるだろうか。もし，こうした小さな粒子が大きさをもたず，お互いに干渉しない理想的な状態にあったとすれば，運動する粒子は，空間を半分にされたために，これまでの2倍の頻度で箱の壁に衝突するはずである。だとすれば，これまでよりも2倍に増えた衝突のために，箱の中の圧力は2倍に増加することになる。つまり，ボイルは，気体の体積と

圧力が反比例するという観察事実の説明付けを明確に行っているのである。

　気体が運動する小さな粒子であるという，このボイルのイメージは，まさに仮説と評するよりほかはない。なぜならば，ボイルの法則が生み出された17世紀（正確には1662年）では，気体の粒子なるものは頭の中でイメージすることはできたとしても，それを実際に観察することなど，到底できなかったからである。つまり，この気体の粒子という存在は，ボイルがイメージした当時，純粋な理論的対象（theoretical object）だったといえる。そして，この運動する小さな粒子が観察できない以上，この仮説は観察可能な事実を一般化することによって導き出されたものでないことだけは確かである。

　科学は，その発見がなされた当時では，少なくとも直接観察できないような仮説をしばしば生み出してきた。ニュートンの万有引力の法則，ヴェーゲナーの大陸移動説などである。一見すると，限られた観察事実を一般化することによって生み出されたと見なすことのできそうな科学的な発見や法則は多く存在するのだが，その反面，観察事実から単純に導き出されたとは，到底みなすことのできない仮説も数多く存在するのである。

　これまで述べてきたことから，科学的な仮説のもつ2つめの重要な特徴をまとめるならば，次のようになるだろう。この特徴は「仮説とは観察事実そのものやその集積ではない」という最初に取り上げた特徴を補足するものでもある。

・仮説には，（粒子説のように）その仮説が生み出された時点では，観察事実によって，その正しさを直接的に確かめることができない場合が存在する。

　枚挙的な帰納法による仮説構築について，ひとまず，まとめることにしよう。科学的な発見や法則が，限られた観察事実を単純に一般化することによって生み出されたという主張は，額面通りには受け入れることはできない。なぜならば，観察事実に共通する特徴を単純に整理しただけでは，おお

むね常識的な知識が得られるに過ぎないからである。むしろ，科学的な発見
や法則とは，われわれがこれまで知り得なかったような知識をもたらすもの
に他ならない。それは，これまで生じたようなことがこれからも起こるだろ
うといった単純な一般化とは，やはり異なっている。この点で，これまで述
べてきた枚挙的な帰納法は，常識や習慣を形成するという意味では有効であ
るが，科学的な発見や法則を生み出すという点で，有効な推論であるとはい
い切れないのである。

　では，科学的な発見や法則が，この「仮説」という概念を含むものだとし
ても，観察事実に対して何らかの説明付けが行われることに，はたして重要
な意味があるのだろうか。それは，間違いなくある。仮説によってはじめ
て，われわれは観察可能な事実を単純に整理するだけでは得られないよう
な，まさに本質的な意味での未知の知識を得ることが可能になると思われる
からである。また，こうした未知の知識は，さらなる科学的な発見や法則を
誘発し，科学的な知識の増殖をうながしていく可能性を秘めている。実際，
運動する小さな粒子という，ボイルのイメージした仮説は，気体の圧力と体
積の関係を説明付けただけではなく，後の熱力学へと発展していく可能性を
はらんでいるからである。

3.　反証主義から見た仮説構築

　　　　　前節では，科学的な発見や法則というものが，観察
事実に関わる何らかの本質的な特徴を説明付けるような概念，つまり，「仮
説」である可能性が高いということを述べた。だが，そこには大きな疑問が
残ってしまう。それは，仮説がどのようにして生み出されたのかという疑問
である。程度の差こそあれ，仮説の構築には，観察事実を単純にまとめるだ
けでは導き出せないような何らかの思考の飛躍が存在するように思われる。
特に，飛躍の程度がきわめて高い仮説であればなおさらのことである。たと

えば，先ほどのボイルのイメージしたような運動する小さな粒子（分子）と
いった仮説が，どのようにして生み出されたのかという疑問に答えることは
非常に難しい。このような飛躍に富んだ仮説については，仮説構築の論理を
問いかけることは，正直なところ，単なる無駄のようにすら思える。

　こうした疑問に対して，考えられる1つの答えは，仮説を作り出した人物
のもつ偉大な能力によって説明付けるものである。これは，かなり大雑把な
説明付けのように思えるかもしれないが，このような説明付けに同意する人
は決して少なくないだろう。現代の記号論理学の成立に大きな貢献を行った
ラッセルもその一人である[5]。ただし，ラッセルは単純にそう考えたのでは
なかった。彼は，科学的な仮説が帰納法的な推測によって構築されたとは考
えにくいことを十分に理解していたからである。

　ラッセルは，科学的な仮説の構築が，帰納法のみならず，現在，明らかに
なっているあらゆる論理的な命題操作の手続きでは解明することができない
と考えた。さらに，彼は科学的な仮説が観察事実によって導き出されるとい
う見解を退け，仮説の構築が観察事実に先行すると主張したのである。つま
り，仮説とは，われわれが知るところの論理，つまり，与えられた前提から
結論を導き出すという推論形式とはまるで異なる原理に基づくものであり，
それを論理的に説明付けることは不可能ということになる。このような点
で，彼のいう科学者の偉大な能力という説明付けは，仮説構築の困難性を十
分に踏まえたうえで，あくまでも1つの可能性として引き合いに出されたに
過ぎない。

　科学的な仮説の構築に関するポパーの主張は，ラッセルの見解とおおむね
同様のものである。ポパーは，観察事実に先立ち，何らかの仮説が事前に生
み出されることと，仮説構築において論理的な命題操作が行われていないこ
とを主張する。そして，仮説構築には「非合理的要素」あるいは「創造的直
観」が含まれている[6]と述べている。直観とは，精神が推論を用いずに直
接，ものごとの真相を把握することを示しており，この点では，ラッセルの

いう偉大な能力という説明付けと変わらないように思えるかもしれない。だが，ポパーが強調するのは，ものごとの真相へと直接至るような偉大な能力ではなく，あくまでも，論理的な操作を用いず，仮説が作られるところにある。

ポパーは，仮説構築プロセスについて「正真正銘の推測」[7] と呼んだり，「前提を待たずに結論へと飛躍する」[8] と表現したりしている。推測とは，結論の正しさが保証されないような非妥当な推論のことであり，また，正真正銘という限り，その推測はまったく真偽不明なものととらえてよいだろう。おまけに，その推測は前提をもたない飛躍なのである。真偽不明な推測であれ，前提から結論を引き出すことこそが推論であり，それは論理に関する，もっとも基本的な定義でもある[9]。だとすれば，このような推測とは，到底，論理的とはいえないような，ただの思い付きということになる。彼によると，科学的な仮説とは，生み出されたその瞬間において，神話と何ら変わりないものである[10]。

では，どのような点で，ポパーは科学的な仮説と神話が同じだと述べるのであろうか。科学的な仮説と神話の共通点を挙げるならば，それはいずれも，この世界で生じる事象や事実を説明付けるために作り出されたものだといえる。であるならば，科学的な仮説と神話とを区別するものは何だろうか。われわれが出しそうな答えは，神話とは，まるで出まかせの創作であり，科学的な仮説とは，少なくとも神話に比べれば，おおむね確からしい説明付けである，といったものだろう。たとえば，神話では「雷が発生するのは，神様がお怒りになられているからだ」といった説明付けを行う。これでは，単なる創作のレベルに過ぎない。科学的な仮説では，さすがに，このようないい加減な説明付けは行われないように思えるからである。

しかしながら，このような科学と神話の区別に対して，ポパーなら間違いなく，"ノー"と返答するはずである。その理由は，出まかせの創作と確からしい説明付けという切り分けはそもそも不明確なものであり，そして，こうした切り分けは，しばしば，その当時の常識や信念に基づいて行われるも

のだからである。このため，今では科学的な理論と考えられている仮説だとしても，その仮説が発表された当時では，まったくの出まかせと見なされることもありうることになる。

　実際，ポパーが生まれ育った20世紀前半のオーストリアでは，オーストリア帝国が瓦解したあと，革命のためのスローガンや新奇な理論などで満ちあふれており，その中でも，マルクスの歴史理論，フロイトやアドラーの心理学の理論は注目すべきものとして受け止められていた。とりわけ，彼の関心をひいたのは，アインシュタインの相対性理論であった。新奇な理論というものは，多かれ少なかれ懐疑的に受け止められるものだが，とくにアインシュタインの相対性理論が真理だと信じているという人がほとんどいなかったことをポパーは回想している[11]。このように，今日では重要な科学的な発見や法則と見なされている仮説も，その仮説が発表された当時では，荒唐無稽な出まかせの創作と受け取られたものも少なくないのである。

　では，科学と神話を決定的に区別する特徴とは何なのだろうか。ポパーによれば，それは生み出された仮説そのものにあるのではない。それは仮説が批判的な議論にさらされることにある。神話というものは，おおむね引き継がれていく伝承である。その結果，長い年月を経ても，その説明付けの内容は変わらない。だが，科学とは，このような伝承とは決定的に異なっている。科学的な仮説とは，絶えず反証の危険にさらされ，変化していかざるを得ないものである。ポパーは次のように述べている。

　「私の主張はこうである。「科学」と呼ばれるものが古い神話から区別されるのは，それが神話とは異なるものだからなのではなく，第二階（second-order）の伝統——神話を批判的に議論するという伝統——を伴っていることによるのである。それ以前においては，ただ，第一階の伝統のみが存在していた。一定の物語が伝承されていたのである。いまや，伝承される物語が存在するだけではなく，それには，第二階の性質の次のような句が，いわば無言のうちに付随していた。「わたくしはそれをあなたに伝えるが，それにつ

いてあなたが考えることをわたくしに聞かせなさい。あなたはそれについて熟考しなさい。もしかすると，あなたは別の異なった話をわれわれに聞かせることができるかもしれないのだ」この第二階の伝統が批判的論争的立場なのであった。…中略…　これは科学的な神話が，批判の圧力のもとで，宗教的な神話とは非常に異なるものになることの理由を説明している。しかしながら，科学的神話も，その起源においては宗教的神話と全く同じように，やはり神話ないし創作であること，このことをわれわれは明確に自覚すべきだと思う。科学的神話は，ある合理主義者——感覚的観察理論の信奉者——が考えているようなものではない。それは観察の集成なのではない。この重要な論点をくり返そう。科学的理論は，観察の結果として生じるものそのものではない。科学的神話は，主として，神話の創作とテストの産物なのである。テストというものは，部分的には観察を通して進行する。従って観察はきわめて重要である。しかし，観察の機能は，理論を産みだすことではない。それが果たす役割は，理論を退けたり，除去したり，批判したりすることにある。そして，これらの観察的テストに耐えるような新しい神話，新しい理論を，われわれが生みだすように働きかけるのである。このことを理解しないかぎり，われわれは科学にとっての伝統の重要性を理解することはできない」[12]

　このように，ポパーは，ラッセルと同様，仮説が観察事実に先行すると考え，観察事実から帰納法的に仮説が作り出されることを否定した。だが，仮説構築に対する偉大な能力や直観なるものを必ずしも必要としているわけではない。科学的な仮説とは，神話同様，それが生み出された時点では単なる創作なのである。ただし，神話とはまったく違って，科学は創作を素直に伝承することはない。そこには，創作を批判的にチェックするプロセスが存在するからである。つまり，ポパーのいう科学がもつ重要な特徴（つまり，科学的な伝統）とは，仮説が構築されるプロセスにあるのではない。仮説が繰り返しテストを受け，そして棄却されるというプロセスにこそ存在するのである。

さて，ここで科学的な仮説のもつ最後の，そして最も重要な特徴をまとめるならば，次のようになるだろう。

・**仮説とは，そもそも真偽不明な説明付けであり，検証もしくは反証する
ことが可能でなければならない。**

以上で，反証主義の立場による仮説構築プロセスの基本的な特徴をおおむね明らかにすることができたと思う。だが，これだけでは，ポパーの反証主義の全体像については，少々説明不足であろう。ポパーの反証主義の特徴は，科学的な発見や法則が生み出されるプロセスから徹底的に帰納法を追い出し，演繹法のみによって，それを説明付けたことにあるし，反証主義の重要な論点は，仮説が構築されるプロセスではなく，仮説が棄却されるプロセスにこそ存在するからである。したがって，仮説反証プロセスの特徴についても，少し解説を付け加えたいと思う。

4. 仮説反証プロセスの特徴

(1) 反証可能性

ここでは，反証主義の立場から見た仮説反証プロセスの概要とその特徴を考察したい。まずは，ポパーのいう科学的な仮説がもつべき条件（反証可能性）について議論する。そして次に，科学者がともすれば陥りかねない落とし穴であるトートロジー（tautology）とドグマティズム（dogmatism）について議論することにしたい。

ポパーの主張するように，科学と神話を境界付けるものが，仮説が棄却されるプロセスにあるのだとしたら，科学的な仮説とは，まず棄却される余地をもつものでなければならない。これは，反証可能性（falsifiability）とよばれる判断基準である。ポパーは，この反証可能性こそが，科学と非科学とを分ける分水嶺だと考えた。そして，高い反証可能性をもつ仮説，つまり，棄

却される余地が大きい仮説ほど，高い情報量を潜在的にもつすぐれた仮説だと主張したのである。この反証可能性という判断基準は，科学的な知識と，それ以外の知識を明確に区別するうえで，今でも，われわれに刺激的な議論を投げかけてくれる。

　ともすれば，われわれは，明確に反証されるような仮説を脆弱な仮説だと思いがちである。だが，これは科学的な仮説というものをあまりにも単純にとらえ過ぎている。たとえば，アインシュタインの仮説を取り上げてみよう。彼の重力仮説（一般相対性理論）によると，太陽のような重い質量をもつ物体の周囲の時空間にはゆがみが生じているため，光すら直進できず，重い質量をもつ物体に引き寄せられることになる。この結果，太陽に見かけ上近い位置にある星の光は，太陽から本来よりも少し離れて見える角度で地球に到達することになるはずである。このような予測は，アインシュタインの仮説から帰結される観察事実であり，なおかつ，これまでの仮説からでは決して導き出されないような観察事実である。だとすれば，このような事実が実際に観測されなかった場合，彼の仮説は明確に反証されてしまうことになる。つまり，アインシュタインの仮説は，明確な反証可能性をもつものだといえる。

　これに対して，「雷が発生するのは，神様がお怒りになられているからだ」といった神話からは，明確に反証できるような観察事実を導き出すことなど不可能である。そもそも，雷を発生させる神様の存在すら，われわれには確かめることなどできないだろうし，仮にその神様が存在するのだとしても，その神様の気分など，われわれには到底うかがい知れないものだからである。このような点で，雷の神話は科学的な仮説とは呼べないことになる。

　ポパーによれば，科学と非科学を分ける判断基準は，その仮説がこの世界で生じる事象や事実を説明付けているかどうかという点だけにあるのではない。なぜならば，科学的な仮説も神話も，説明付けという点では同様だからである。そこで，反証可能性という判断基準が注目するのは，その説明付け

が観察事実によって棄却できる余地をもつかどうかという点である。もし，その仮説が観察事実によって棄却できないのであれば，その仮説は，どれほどもっともらしいものであったとしても，科学的な仮説の名に値するものではない。雷の神話と同様に，それは科学ではなく，神話のようなものに過ぎないのである。

このように，反証可能性という判断基準は，この世界で生じる可能性のある事象や事実を明確に２つに区分できる能力を科学的な仮説に要求する。１つは，その仮説から導き出されるような予測（仮説と両立するような観察事実）であり，もう１つは，仮説からは決して導き出されない予測（仮説と矛盾するような観察事実）である。もちろん，ポパーが強調するのは，後者である。「仮説と矛盾するような観察事実」を示唆できることは，その仮説が反証可能性をもっていることに他ならないからである。そして，このような明確な区分ができない以上，それはすぐれた科学的仮説とはいえない。なぜならば，この世界で生じるかも知れないすべての可能性から，この世界では決して生じないような可能性をその仮説が有効に排除できないかぎり，結果的に，その仮説の情報量は乏しいものになるからである。

ポパーが，反証可能性というアイディアに至ったのは，アドラーとの交流がきっかけであった。アドラーは，一見不可解に思える人間行動，たとえば，ある男が子供を溺死させようと水中に投げ込むような行為の原因を「劣等感」によって説明付ける。ある日，こうした説明付けを必要とするとは思われないような事例をポパーがアドラーに報告したところ（ポパーはある時期，社会事業の一環として，アドラーに協力していたのである），アドラーは自分の理論で，その事例をこともなげに分析してみせた。ポパーは，アドラーの理論で解釈できないような人間行動など考えることができないのではないかと驚嘆すると同時に，その見かけ上の説明能力の強さが，実は弱点なのだということを感じ取ったと述べている[13]。

この逸話がいわんとすることは，仮説のもつ説明力に対する，ポパー流

の，そして，実に興味深い疑問点である。もし，アドラーの仮説が人間行動のすべてを説明できるのだとしたら，子供を水中に投げ込む行動も劣等感によるものだし，その反対に，その子供を溺愛することも劣等感によるものだろう。また，水中でおぼれている子供にたまたま出くわした場合，その子供を救うのも劣等感によるものだし，救わずに見殺しにするのも劣等感によるものになってしまう。そして，人間行動のさまざまな選択肢が，劣等感という仮説によって，すべて説明付けられるのだとすれば，劣等感という仮説は，見かけ上，これらの人間行動をすべて説明付けてくれる反面，実際のところは，何も説明付けていない可能性がある。なぜならば，劣等感という仮説は，仮説と矛盾するような事実とは何かを示唆することもできず，劣等感という言葉を使って観察事実を都合よく「説明付け」しているだけかも知れないからである。少なくとも，この劣等感という仮説の反証可能性の低さは，ポパーが強く関心をひかれたアインシュタインの理論と対比すれば，明らかである。

　このように，仮説の見かけ上の説明能力の高さは，決して仮説の本当の説明能力の高さには直結しない。むしろ，見かけ上，高い説明能力をもつ仮説の情報量は，その見かけとは，うらはらにきわめて乏しいものになるのである。

⑵　トートロジー（同義反復）

　さらに，われわれは，観察可能な事象や事実を高い確率で説明付けられそうな仮説こそ，すぐれた仮説だと思いがちである。だが，こうした仮説は，観察事実の多くをうまく説明付けてくれる反面，その仮説が提供できる情報量は限られたものになりがちとなる。ポパーは，次のように述べている。

　「a を「金曜日は雨が降るだろう」という陳述，b を「土曜日は晴れるだろう」という陳述とし，ab を「金曜日は雨が降り，土曜日は晴れるだろう」という陳述とする。そうすると，この最後の陳述すなわち連言 ab の情報内容は，明らかに構成要素 a の情報内容よりも，また構成要素 b の情報内容

よりも多いであろう。そしてまた，明らかに，ab の確率（probability）（あるいは同じことだが，ab が真となる確率）は a，b いずれの確率よりも小であろう」[14]

　彼のいわんとするところは明らかだろう。a，b，ab といった陳述がいずれも科学的な仮説だとすれば，ab という仮説は現実に適合する可能性が最も低い仮説ということになる。だが，その反面，これらの仮説がいずれも100% 正しいのであれば，a や b という仮説に比べて，ab という仮説は最もすぐれた仮説ということになる。なぜならば，ab という仮説は，a や b という仮説のもつ情報をすべて含むがゆえに，この世界に存在する不確実性を最もよく取り除いてくれるからである。

　さらに，ポパーは次のような極端な例を取り上げている。

「明日ここに雨が降るか，あるいは降らないかであろう」[15]

　これは，トートロジーとよばれる論理的に真な命題である。この命題の論理構造は，「p であるか，p でないかのどちらかである」であり，この命題の部分要素 p の内容が実際に真であれ偽であれ，この命題全体は必ず真になるからである。もちろん，このような命題が現実に適合する確率は100% になる。だが，その反面，こうした命題の情報量はゼロである。なぜならば，このような命題は，見かけ上，明日の天候について何かを語っているのだけれど，実際のところ，何も語っていないからである。

　さて，ひとめ見てトートロジーとわかるような仮説を出くわすことはあまりないように思えるかもしれない。だが，よくよく考えてみると，これはトートロジーではないかと思われる仮説に出くわすことは少なからずあるのではなかろうか。政治学者の久米は，「公的福祉を支持する政治文化のある所では，高度な福祉国家が実現する」という仮説を例に取り上げ，この仮説が結局のところ，「福祉国家になりそうなところは福祉国家になる」としかいっておらず，同義反復にしか過ぎないことを指摘したうえで，トートロジーになりそうな説明付けに出くわすことは結構多いとまで述べている[16]。

⑶ ドグマティズム（教条主義）

　次の議論に移ろう。ポパーのいう高い反証可能性を備えた仮説が，観察事実によって反証されなかった場合，その仮説は真なるものとして受け入れられるのであろうか。一般に，仮説が検証された（verified）という表現はよく用いられる。検証とは，仮説の真理性が立証されたことを示す用語である。だが，仮説とは反証される（falsified）ことはあっても，検証されることは不可能であると，ポパーは主張する。

　「科学者は世界ないし世界のいくつかの側面の真なる記述を目的とし，また観察可能な諸事実の真なる説明を目的とする　…中略…　右のことが科学者の目的ではあるけれども，科学者は，理論が偽であることの確立には合理的な確信がもてる場合があるのに反して，自分の見出したことが真であることについては，けっして確実に知ることができない」[17]

　では，なぜ仮説を検証することはできない（理論が真であることについては，けっして確実に知ることができない）とポパーは主張するのだろうか。仮説検証の論理と仮説反証の論理を比較することによって，ポパーの主張の意味を考えてみることにしたい。

　いま仮に，Aという仮説（たとえば，気体は運動する粒子であるというボイルの仮説）があるとしよう。この仮説が正しいとすれば，Bという観察事実（気体の体積を半分にすれば，圧力は2倍になる）が現実に生じることになる。この検証のプロセスは，次のような推論形式で表現することができる。これは，仮説が観察事実によって検証される場合の論理を示している。

（4. 仮説検証の論理）

　　前提1　仮説Aが正しいのであれば，事実Bが観察される（AならばB）
　　前提2　事実Bが観察された（Bである）
　　結　論　仮説Aは正しい（Aである）

この推論形式は，後件肯定の演繹法と呼ばれる非妥当な推論（論証）形式

である。非妥当な推論では，前提1と2が仮に100%正しかったとしても，結論の正しさは保証されない。なぜならば，事実Bのような観察事実をどれだけ積み重ねたところで，仮説Aの正しさを否定するような事実が観察される可能性がまだ残されているからである。このような意味で，上記に示された結論は，まさに帰納法的な推測にほかならない。この結論では，限られた観察事実から，仮説の普遍的な正しさを導き出している（つまり，検証している）のである。このことは，仮説検証という作業を何千回，何万回繰り返しても変わらない。論理的に見て，仮説の普遍的な正しさを検証することは端的に不可能なのである。

　これに対して，仮説を反証するということは，次のような推論形式で表現することができる。

（5. 仮説反証の論理）
　　前提1　仮説Aが正しいのであれば，事実Bが観察される（AならばB）
　　前提2　事実Bが観察されなかった（Bではない）
　　結　論　仮説Aは正しいとはいえない（Aではない）

　この推論形式は，後件否定の演繹法と呼ばれる妥当な推論形式である。妥当な推論形式では，前提1と2が仮に100%正しかった場合，結論の正しさも100%保証されることになる。したがって，実際に事実Bが観察されなかった以上，「仮説Aは正しいとはいえない」のである[18]。

　理論が真であることについては決して確実に知ることができないとポパーが主張する理由は，仮説検証の論理がそもそも非妥当な論理形式（前提が100%正しくても結論が正しいとは限らない論理形式）だからである。これに対して，理論が偽であることの確立には合理的な確証がもてる場合があると彼が主張する理由は，仮説反証の論理が妥当な論理形式（前提が100%正しければ結論も100%正しくなる論理形式）であるからに他ならない。

　このように，仮説を反証することは論理的に可能である。しかも，仮説に

022

合致しないような観察事実（つまり，反証例）が1つだけであったとしても，その仮説は明確に反証されることになる。これに対して，仮説を検証することは論理的に不可能である。仮説に合致するような観察事実をいくら積み重ねたところで，観察事実が完全枚挙できない以上，帰納法的な飛躍を乗り越えることは不可能なのである。つまり，仮説とは，反証されることはあっても，検証されることは不可能だということになる。

　ポパーのこの議論は厳し過ぎるのではないかという反論は当然起こりうる話である。というのも，これではわれわれはいつまでたっても真なる科学的な理論を手にすることができないことになってしまうからである。だが，このことを悲観的に受け止める必要はまったくない。なぜならば，科学とは，常に批判的に仮説をチェックし続ける活動だからである。もし，われわれが真なる科学理論を手に入れた（と考えた）のだとしたら，そこで，科学という批判的な伝統はストップし，科学は消滅することになる。新しい創作が生み出される必要性など，もはやないだろうし，そして，その真なる科学的な理論は，さながら神話のように受け継がれていくことになるからだ。ポパーの言葉を借りるなら，その真なる理論はいつのまにかドグマ（教条）へと変貌してしまうのである[19]。

　いうまでもなく，これは科学にとって最も憂慮すべき事態に他ならない。科学的な理論とは本来，常に批判的なチェックを受けるために存在するものであって，あがめたてまつられるために存在するものでは決してないのである。

　反証主義の主張についてまとめることにしよう。ポパーは，科学的な仮説が観察された事実を帰納法的に整理したものであるという見解と，科学的な仮説が観察された事実を積み重ねることによって検証されるという見解の両方を否定した。科学的な仮説とは，それが生み出された時点では，何ら神話と変わらないただの創作であるし，そして，観察された事実によって反証さ

れることはあっても，決して検証されることはないからである。つまり，ポパーは，仮説構築プロセスと仮説検証プロセスのいずれからも，帰納法的な推測を完全に駆逐し，妥当な演繹法だけを用いて科学的な発見や法則が生み出されるメカニズムを説明付けたのである。

II. 仮説構築の論理

1. 仮説構築プロセスの問題点

　　　　　この節では，これまで述べてきた科学的な仮説に関する議論をまとめるとともに，今後の課題について述べることにしたい。枚挙的な帰納法による説明付けによると，科学的な発見や法則とは，まず観察から出発し，帰納によって一般化へとすすみ，究極的には理論へと進むものである。こうした説明付けは，古典的ながら，新しい知識が生み出される仮説構築プロセスと，その知識が確からしさを高めていく仮説検証プロセスによって，科学的な発見や法則が生み出されるメカニズムをうまく説明付けてくれそうなモデルである。

　しかしながら，帰納法による仮説構築については疑問も多い。というのも，科学的な仮説とは，観察事実にかかわる本質的な特徴を説明付けるような概念であり，また，その概念は観察事実から直接的に導き出すことが困難な場合も少なくないからである。たとえば，気体が運動する小さな粒子であるというボイルの仮説のように，科学的な発見や法則の中には，当時では観察から直接導き出すことが不可能な仮説も多数存在する。

　さらに，この帰納法的な説明付けに対して，きわめて対照的な主張を示すのが，ポパーの反証主義の立場である。彼によると，仮説構築とは単なる神話の創作であり，帰納法はもとより一切の論理的な命題操作を拒むものである。反証主義の立場は，帰納法的な推測をすべて排除し，仮説反証プロセス

において妥当な演繹法のみを用いたという点で，論理的には申し分のない説明付けのように思える。

　実際のところ，ポパーの主張に対する反論は，仮説反証プロセスが必ずしも史実と合致しないという部分に集中しており，仮説構築プロセスに対する反論はあまり見かけない[20]。むしろ，仮説が論理的な命題操作の外側にある（論理的に導き出すことはできない）という見解は一般的な見解といえるだろう。しかしながら，ポパーの述べる仮説構築プロセスには，やはり疑問が残るのである。

2.　仮説はどのようにして生み出されたのか

　　　　　　素朴な帰納主義による仮説構築とポパーによる反証主義の立場から見た仮説構築を峻別するのは，仮説構築が前提なしに生まれるのかどうかという点にある。というのも，観察事実（前提）によって，何らかの仮説（結論）が生み出されるのだとすれば，帰納法がその役割を果たす可能性は十分考えられるし，その逆に，仮説構築が観察事実に先立つものであったとすれば，それは前提をもたない飛躍という点で，枚挙的な帰納法はもとより，一切の論理的な命題操作を拒んでしまうように思えるからである。

　だが，実際のところ，仮説構築が観察事実に先行するかどうかという問題は，それほど重要視すべきものでないように思われる。というのも，われわれは，すでに様々な知識が存在する世界に生まれてきたのであり，その点で，どのような前提知識もなしに，神話という仮説を創作するのでもなければ，真っ白な紙に観察事実だけを書き連ねて，そこから仮説を構築しているわけでもないからである。

　まず，ポパーの反証主義の立場では，仮説とは前提をもたない飛躍であり，仮説構築は観察事実に先立つものである。たとえば，ある仮説の真偽を確かめるために，実験や調査が行われる場合，その仮説構築は観察事実に先

立つということになるだろう。これは，一般的によく見られるような科学的な活動である。だからといって，その仮説が前提をもたない飛躍や正真正銘の推測であるとは限らない。現実的に見て，われわれの周囲には，既存仮説や他の観察事実をはじめとする既存の知識で満ち溢れており，これらの既存知識を使用することなく，仮説をゼロから創作することなど，逆に困難だと思われるからである。

　また，素朴な帰納主義の立場にも，同様の疑問が存在する。科学的な仮説が，観察された事実を一般化するだけで導き出されたものだとは思えない。これまで述べてきたように，科学的な仮説が，観察事実からは直接導き出すことができないような概念を含む場合であれば，なおさらのことである。そして，この場合にも，仮説を導き出すための材料は，実際のところ，観察事実だけではない。必然的に，他の既存仮説や，場合によっては信念などの既存知識によって，何らかの影響を受けるはずである。むしろ，このような既存の知識なしに，観察事実だけから科学的な仮説を導き出すことは，きわめて困難だと思われる。

　科学的な仮説が何らかの既存知識を前提にして生み出されたという見解は，決して不自然なものではない。実際のところ，史実にもよく合致する。たとえば，これまで例に取り上げてきたボイルの仮説を再度検討することにしよう。ボイルのイメージした運動する小さな粒子は，17世紀では到底，観察できないような理論的な対象であった。したがって，このような仮説が観察事実から単純に一般化されたと考えることは難しい。だからといって，仮説構築というものが，何ら前提なしに行われる飛躍であるとは限らない。実は，ボイルがイメージした仮説の原型となったものは，当時，多くの科学者たちが共通にもっていた信念のようなものであったといわれる。

　たとえば，クーンは，17世紀の大部分の物理学者が，宇宙が微粒子から成り，すべての自然現象はこの微粒子の形，大きさ，運動，相互作用で説明できると考えていたことを指摘している。また，この粒子説の影響が特に強

まったのは，当時の科学者たちに強い影響を及ぼしたデカルトの著作集が発刊された1630年以降であり，ボイルもまた，この粒子説の影響を強く受けていたという[21]。さらに，17世紀において，この粒子説が当時の科学者に影響を与えていたという事実は，デカルトとほぼ同時代を生きた哲学者であるベーコンの著作においても，うかがうことができる。ベーコンは，1620年に発刊された著作の中で，自然のすべての作用は，われわれが直接的に知覚できないような非常に小さい分子間で行われることを述べており，これも同様の粒子説である[22]。さらに，この仮説の起源を求めるなら，古代ギリシアの哲学者デモクリトスにまでたどり着くのである。

　この粒子説という当時の科学者が共通にもっていた信念のようなものに，ボイルが強く影響を受けていたのであれば，ボイルの仮説が観察事実に先行していたのだとしても，それが，もはや前提をもたない飛躍であるということもいえなくなる。つまり，ボイルは，当時の多くの科学者たちがもっていた粒子説という信念を前提にして，それを気体に応用することで，自らの仮説を導き出したと考えられるからである。

　このように，科学的な仮説というものが，既存の知識などをもとに構築されるものだとすれば，何らかの前提から結論が導き出されているという点で，仮説構築の論理が存在する可能性がある。つまり，仮説構築とは，前提をもたない飛躍とまでは断言できず，むしろ，既存仮説や観察事実をはじめとした，既存の知識を前提にした推測という側面が明確に存在することになる。

　最後に，科学史のなかでもしばしば紹介される海王星の発見プロセスを例に取り上げてみよう。海王星の存在を予言した仮説構築プロセスは，（ニュートンの仮説では，当時，説明がつかなかった）天王星の軌道のずれという観測事実からスタートしている。この場合も，未知の惑星の存在という仮説（結論）は，これまで知られていた天体の配置やニュートンの重力仮説という既存の知識（前提）と，天王星の軌道のずれという観察事実（前提）から導き出され

たものである。この事例では，少なくとも前提の1つは既存の知識であり，もう1つは観察事実である。これは，枚挙された観察事実のみを前提にして，単純に一般化を行う，枚挙的な帰納法とは明らかに異なるタイプの推測だといえる。だとすれば，このような推論形式に関する研究は，科学的な仮説の構築メカニズムを考えるうえで，今後の重要な課題だと思われる。

　また，帰納法による仮説構築についても，本章の議論はやはり不十分なものである。本章ではこれまで，枚挙的な帰納法についておおむね批判的な立場から見解を述べてきた。帰納法に対する，このような見解は一般的なものだと思われる[23]。だが，こうした見解が，帰納法的な仮説構築に関する議論に対して，全般的に当てはまるのかといえば，実はそうでもない。たとえば，科学な仮説構築において，帰納法の重要性を強調したベーコンを取り上げても，こうした見解は当てはまらない。なぜならば，彼は，それ以前にあった単純枚挙の帰納と呼ばれるものよりも，もっとすぐれた帰納法の探求を試み，のちの近代的な帰納法の原型となるものを作り上げたからである。だとすれば，もっとも単純な枚挙的帰納法だけを取り上げ，帰納法全般について批判することは，明らかに公平さに欠ける。帰納法という推論形式に対するさらなる検討もまた，仮説構築の論理を考察するうえでの重要な課題だと思われる。

［注］
1）（サモン　1987）p. 102
2）（ハンソン　1986）p. 152
3）（ハンソン　1986）p. 153
4）　高根は次のように述べている。
　　「それでは社会学者がここで問題にする記述と説明とはなんなのであろうか。およそ現実の社会現象を研究するには，現実の現象がいかなる状態にあるかを正確に観察し，それを客観的に記録しなければならない。…中略…これは「記述」といわれる研究方法である。記述的研究にはたとえば，人口の増加率，自殺率，離婚率などの増減を正確に観察し記録することなどがあるだろう。これらの観察と記録を行うこと自体が大仕事であるだけで

はなく，社会の研究にとっては，なにも勝る基本的な作業であることは言うまでもない。しかしながらこれらの社会現象の正確な観察と記録は，それ自体では「なぜ自殺率が増加したのか」という「なぜ」という，疑問に答えるものではない。そしていかに正確な観察に基づいた客観的な記録であっても，「なぜ」という疑問を考えないのであったら，それは因果関係を問題としない記述的な研究に他ならない。それは科学として低次な段階にとどまるものに過ぎない。

　このような「記述」に対して「説明」は「なぜ」という疑問を発して，「結果」として扱われる現象を，その「原因」となる現象とを，論理的に関係させようとするのである。つまり新兵の戦争に対する態度を観察して記録するだけでは「記述」である。しかしそれに対して特定の宣伝映画を見た新兵が，戦争に対して，積極的な態度をもつように変化するということを実証すれば，これは説明である。あるいは説明的な研究ということができる。自殺率に関する正確な統計を作成することは「記述」である。しかしたとえばカトリック信者よりプロテスタント信者のほうが自殺率が高いことを実証すれば，これは説明的な研究である。こういう意味で科学が因果関係に対して，少しでも確かな推論をおこなおうとする限り，記述ではなく，説明を行わなければならない。もちろん「説明」とは「原因」となる現象と，「結果」となる現象との関係に他ならない。従って，正確な両者の「記述」がなければ，信頼できる「説明」は存在し得ない。その意味で正確な「記述」は，「説明」的研究に進むために，書くことのできない前提となる。しかしたんなる記述に終わってしまうなら，それは科学として，現象を理解しようとする本来の目的を，放棄したことになるのである」（高根　1979) pp. 40-41

5)　ラッセルは，（ベーコンの主張した）帰納法による科学的な仮説の構築プロセスについて次のように述べている。

　「ベイコンのいう帰納法は，仮説というものに十分な強調がおかれていないことから，欠陥あるものになっている。彼は秩序正しくデータを整理しさえすれば，正しい仮説は明白になってくると考えたが，実際にはそのような場合は稀である。一般には，仮説を作り出すことが科学的な仕事のうちでもっとも難しいのであり，偉大な能力が不可欠な部分なのである。現在のところ，仮説を規則的に発案することを可能にするような方法は，ぜ

んぜん見出されてはいない。普通には何らかの仮説が，諸事実を集めるに
あたっての必要な予備条件となっている。なぜなら諸事実を選択すること
には，関連性となるものを決定する何らかの方法が必要となるからである。
この種の何物かがなければ，諸事実をただ単に寄せ集めてみてもなんにも
ならないのだ」（ラッセル　1970）p. 538

6）（ポパー　1971）p. 36
7）（ポパー　1980）p. 183
8）（ポパー　1980）p. 78
9）　論理学者の山下によれば，論理学とは推論を専門的に受けもつ学問であ
り，推論とは前提から結論を引き出すことである。（山下　1985）pp. 5-6, p.
76
10）（ポパー　1980）pp. 204-205
11）（ポパー　1980）pp. 58-59
12）（ポパー　1980）pp. 205-207
13）（ポパー　1980）pp. 59-62
14）（ポパー　1980）pp. 366-367
15）（ポパー　1971）p. 50
16）（久米　2013）pp. 44-45
17）（ポパー　1980）p. 183
18）　この論理は次のように証明できる。
　　前提1と2がともに正しいとするならば，事実Bが観察できなかった以
上，仮説Aが正しいとはもはやいい切れない。なぜならば，前提1に述べ
られているように，「仮説Aが正しければ，事実Bが観察される」はずだ
からである。これに対して，仮説Aが正しいとはいえない場合には，この
ような矛盾は生じない。なぜならば，前提1の「仮説Aが正しければ，事
実Bが観察される（AならばB）」という命題は，「事実Bが観察されなけ
れば，仮説Aは正しいとはいえない（Bでないならば，Aでない）」という
命題と論理的に同値（同じこと）であり，事実Bが観察されなかった（B
ではない）以上，「仮説Aは正しいとはいえない（Aではない）」のである。
19）（ポパー　1980）pp. 616-617
20）　ポパーに対する批判の多くは，仮説構築プロセスではなく，仮説反証プ
ロセスに集中している。それは，彼の主張する仮説反証プロセスが，現実

に営まれている科学的な活動と必ずしも合致しないしないという点である。たとえば，クーンは次のような事例を取り上げている。

「科学者は，理論と自然がうまく一致せずに変則性を知るにいたった場合に，どういう反応を呈するであろうか。今まで述べてきたことからすれば，理論を適用する際に，これまで経験したよりはるかに大きい，説明しがたい不一致があっても，必ずしも深刻な反応を引き起こすとは限らない。常に何らかの不一致はあるものである。…中略…　たとえばニュートンのはじめの計算以後六十年間は，月の近地点運動の計算は，観測の半分の値しか出なかった。ヨーロッパの数理物理学者たちはみな，この有名な不一致に立ち向かったがうまくゆかず，時にはニュートンの逆二乗法則を修正する提案もあった。しかし誰もこのような提案をあまり本気に受け取らず，事実，この大きな変則性に耐えていくことが正しいことになった。一七五〇年にクレイローは，適用する際の数学が悪かっただけで，ニュートン理論はやはり正しかったことを示した」（クーン　1971）p. 92

このように，科学における進化とは，既存仮説が反証され，まったく新しい創作が生み出されるといった抜本的な変革のモデルだけで説明付けることはできない。クーンの述べる事例において，既存の仮説に合わない観察事実は，当時の科学者たちの間では，反証例としてではなく，むしろ，既存の仮説の中で解決すべき課題と見なされたのである。だとすれば，現実の科学活動では，既存仮説がおおむね引き継がれたうえで，一見，反証例にも思える観察事実を，既存仮説の中でうまく説明付けるような補助仮説が生み出されたり，既存仮説の部分的な手直しが施されたり，場合によっては，他の学問分野の発達を促すことによって，結果的に，その既存仮説がより強固なものになるという側面もやはり見逃せないのである。それは，既存仮説が棄却され，完全に別の神話に取り代わっていくような断続的な進化ではなく，既存仮説が徐々に形を整え，体系化されることによって，さらに応用範囲が広がり，科学的な知識がいっそう蓄積されていくような，いわば連続的な進化のイメージといってよいだろう。

21)　クーンは次のように述べている。

「一六三〇年ごろから後，とくにデカルトのきわめて影響力の大きい科学的著作集が現われてから後は，大部分の物理学者は，宇宙が微粒子から成り，すべての自然現象はこの微粒子の形，大きさ，運動，相互作用で説明

できると考えた。この説には，形而上学的要素と方法論的要素がある。形而上学的なものとしては，それは科学者に宇宙にはどういうものが含まれ，どういうものが含まれないか教えた。つまり，そこにあるのは形ある物質と運動だけであった。方法論としては，それは，何が根本的であり，説明は，いかなる自然現象も法則下に動く粒子の作用に還元することでなければならなかった。さらにより重要なことは，宇宙の粒子的概念が，科学者たちに研究問題をたくさん与えたことである。たとえばボイルのように新しい哲学をいだいた化学者は，錬金術で卑金属から貴金属への変質と考えられてきた現象に注意を払った。このような現象は，他の何ものにもましてはっきりとあらゆる化学変化の底にある粒子の再編成の過程をあらわすものであった。粒子説の影響は，同じく力学，工学，熱の研究にも認められる」（クーン　1971）pp. 45-46

22)　ベーコンは次のように述べている。

「自然のすべての作用は微分子間に，あるいは少なくとも，感官に触れるには余りにも小さい分子間におこなわれるのであるから，それらの分子を正しい仕方で把握し観察するのでないかぎり，何人も自然を支配したり変化させることを望んではならないのである」（ベーコン　2005）p. 300

また，有名な熱の形相に関する彼の思索の中間的な結論として，次のように述べている。

「ところで，この最初の収穫によると，熱（ただ感官に関係するだけではなく，宇宙にも関係する熱）の形相ないし真の定義は，節約していうと，次のとおりである。すなわち，「熱とは，膨張し，阻止され，抵抗する ［物体の］ 小分子間の運動である」（ベーコン　2005）p. 328

23)　たとえば，ハンソンはベーコンの帰納法について次のように述べている。

「物理法則として典型的な例をあげれば，運動法則，重力の法則，熱力学，電磁力学，あるいは，古典・量子力学における電荷の保存などがあろう。

第一には次のような方の説明がある。こうした法則は，ベイコンの言う「個々の単一なものを枚挙していってもそれに反するような事例にぶつからないとき，それを根拠に帰納されたもの」によって得られたというのである。実際にはこれは当たっていない。しかしこの型の説明に同意する哲学者も従来少なくなかった」（ハンソン　1986）p. 150

第2章

ベーコンと
新しい帰納法

Francis Bacon and His New Method of Induction

I. ベーコン哲学に対する 一般的評価

　　　フランシス・ベーコン（Francis Bacon）は，1561 年
にイングランドで生まれ，1626 年に没した哲学者である。彼は，下院議員，
法務次官，法務長官，国璽尚書，大法官といった官職を歴任し，主に政治
の世界で活動するかたわら，随筆，法律，歴史など，人文科学の分野で数多
くの著作を残している。非常に幅広い活動を行った人物であるが，彼のもっ
とも重要な功績は，やはり哲学者としてのものである。それは，ロック
（John Locke, 1632-1704），ヒューム（David Hume, 1711-1776）へと続くイギリス
経験論の創始者であり，具体的には，科学的な方法として，従来の帰納法と
はまったく異なる新しい帰納法を提唱したことに尽きる。ちなみに，ラッセ
ルは，ベーコンを次のように評価している。

　「フランシス・ベイコン（Francis Bacon, 1561-1626）の哲学は，多くの点で満
足すべきものではなかったけれども，彼は近代の帰納法の創始者として，ま
た科学的な手続きを論理的に組織化する試みでの開拓者として，ゆらぐこと
のない重要性をもっている」[1]

　ところが，その肝心の新しい帰納法については，ラッセルの評価は手厳し

い。彼は，ベーコンが提唱した帰納法について次のように述べている。

「ベイコンのいう帰納法は，仮説というものに十分な強調がおかれていないことから，欠陥あるものになっている。彼は秩序正しくデータを整理しさえすれば，正しい仮説は明白になってくると考えたが，実際にはそのような場合は稀である。一般には，仮説を作り出すことが科学的な仕事のうちでもっとも難しいのであり，偉大な能力が不可欠な部分なのである。現在のところ，仮説を規則的に発案することを可能にするような方法は，ぜんぜん見出されてはいない。普通には何らかの仮説が，諸事実を集めるにあたっての必要な予備条件となっている。なぜなら諸事実を選択することには，関連性となるものを決定する何らかの方法が必要となるからである。この種の何物かがなければ，諸事実をただ単に寄せ集めてみてもなんにもならないのだ」[2]

ベーコンの新しい帰納法に対するラッセルの評価は，決して少数派に属するようなものではない。たとえば，シュヴェーグラーは，ベーコンの方法が，経験（観察や実験）に即して判断するという以外には，厳密にいって内容が無いとまで述べている[3]。さらには，ベーコンの新しい帰納法を現実の仮説構築に活用したところで，有意義な仮説を得ることは困難だろうし，彼の帰納法が活用された史実も実際にはないといった手厳しい見解が数多く存在する[4]。このように，ベーコンの帰納法に対する数多くの批判からすれば，むしろ，ラッセルの評価は中立的であり，おおむね教科書的な評価と見なしてよいだろう。だが，ベーコンの帰納法に対する，このような一般的な評価に対して，異議を唱える研究者も存在する。たとえば，内井は次のように述べている。

「『帰納法』という言葉に新しい意味づけを与えて，新しい科学の方法，あるいは新しい論理学として位置づけたのは，フランシス・ベーコン（1561-1626）である。ベーコン哲学の研究は意外となおざりにされており，一般に流布している哲学の教科書的見解をそのまま鵜呑みにするわけにはいかないようである。ただ，19世紀に J. S. ミルによって整理された帰納法（「消去による帰納法」）の基本的な規則のアイディアは，すでにベーコンにあったこと

だけは確かである。残念なことに、ベーコンの時代には、これらの規則を具体的に、かつ十分に説明できるだけの実際の科学的業績はまだそろっていなかったというのが実情であろう」[5]

　このように、ベーコンの哲学に対する一般的な評価は、あまり芳しいものとはいえない。だが、内井の指摘するように、ベーコンの業績が過小評価されている可能性も否定することはできない。本章では、ベーコンに対する一般的な評価について、いくつかの反論を唱えるとともに、ベーコンの科学的方法論と彼によって原型が作られた「消去による帰納法 (Induction by Elimination)」の意義について考察を行う。

II. ベーコンの科学的方法論

1. ベーコンの生きた時代背景

　　　　　　ベーコンの提唱した新しい帰納法について議論するにあたり、ラッセルの批判について再度確認しておくことにしよう。ラッセルの批判は、ベーコンの帰納法が仮説というものに対して十分な強調がおかれていないというものであった。たしかに、ベーコンは仮説という言葉すら使っていない。しかしながら、ベーコンは仮説という概念を決して無視したわけではない。彼は、今日でいう科学的な仮説を「光」と形容したり、「最初の収穫」という言葉で表現したりしている。なぜ、彼が科学的な仮説をこのようなまどろっこしい名称で呼んだのかを問いかけることは不毛だろう。端的に、科学的な仮説を意味するような言葉がその当時にはなかったからである。

　彼が活躍した時期は、16 世紀後半から 17 世紀初頭にかけてである。この時期は、ヨーロッパにおけるルネッサンスの後期にあたり、旧来の中世的な世界観に懐疑的な目が向けられ、近代的な科学の歴史が始まろうとする時期

でもあった[6]。彼と同時代を生きた歴史上の人物を挙げると，近代科学の歴史の冒頭に名を連ねるような科学者たちが次々と登場する。それは，ガリレイ（Galileo Galilei 1564-1642）であり，ケプラー（Johannes Kepler 1571-1630）といった人たちである。ちなみに，コペルニクス（Nicolaus Copernicus 1473-1543）は，ベーコンよりも約1世紀前の時代を生きた人物であり，ニュートン（Isaac Newton 1642-1727）は，ベーコンよりも約1世紀後の時代に活躍する。このように，彼が生きた時代とは，まさに近代的な科学が産声を上げようとする時期に相当し，今日へと続く科学の歴史が始まろうとする時期であった。このような大きな変革の時代の中で，ベーコンは，科学とは何なのか，そして科学を生み出す方法とは何なのかを最初に問いかけた人物だった。

　科学の歴史がスタートしようとしていた時代において，科学に対する明確な概念はまだ存在していなかった。今でいう科学らしきものは，当時，哲学の一分野であり，自然について思弁するという意味で，自然哲学と呼ばれた[7]。このため，彼が科学的方法を説明するために使う用語も，現在，われわれが使用する用語とはかなり異なっている。彼の生きた時代は，ヨーロッパにおいてアリストテレス的な世界観がまだ主流であった時代であり，形相，種差，本性といった，現代の科学では聞きなれない用語が頻繁に使われているのはその名残である。このように，ベーコンが科学的方法に対する議論を行った当時，彼は自らの思想を語るうえで欠かせない言葉すら十分にもっていなかったのである。

　さて，アリストテレス的な世界観（理論）とは，どのようなものだったのであろうか。これについて，チャルマーズは次のように述べている。

　「アリストテレスの理論では，宇宙は二つの異なる領域に分割されている。月下界は，より内側の領域であり，宇宙の中心にある地球から月の軌道の内側までの領域である。天上界は有限な宇宙の残りの部分であり，月の軌道の外側から宇宙の外側の境界をなす天球までの領域である。

…中略… 天上界の整然として規則正しい不朽の性格に比べて，月下界は変化，成長と衰退，生成と消滅によって特徴づけられる。月下界のすべての実体は，空気，土，火，水という四元素の混合体である。混合体における四元素の相対的割合が実体の諸性質を規定している。土の元素の自然的場所は宇宙の中心（すなわち地球の中心）である。水の元素の自然的な場所は地球の表面である。空気の自然的な場所は地表面のすぐ上の領域である。火の元素の自然的な場所は大気圏の上空であり，月の軌道に近いところである。それゆえ地上の物体は，それが含んでいる四つの元素の相対的割合に応じて月下界に自然的場所をもっている」[8]

チャルマーズが述べるようなアリストテレス的な世界観は，今でこそ，非科学的なものと見なされるだろうし，実際，多くの誤解に満ちあふれたものであると断言できる。だが，このような世界観を一笑に付すことは早計だろう。それは，まったくもって根拠のない世界観とはいえないし，少なくとも，当時の人々は，これを正しいものとして受け止めていたのである。ここでは，地球上のすべての物質が，空気，土，火，水という四元素から成り立っているという説のうち，火の元素説を取り上げてみることにしよう。

多くの物質は燃焼するという性質をもっている。木材や油はもちろんのこと，鉄といった金属も燃焼する。当時の人々は，物質が燃えるという現象は，燃える原因となるもの（火という元素）を含んでいるからだと考えた。これは，身近な観察事実から生み出された素朴な説明付けといえるだろう。また，燃焼という現象は，炎やけむりを上空へと高く舞い上げる。これは，火という元素が本来あるべき位置がはるか上空にあり，物質から解き放たれることで，本来の場所へと戻っていくためだと考えたのである。ともあれ，火の元素説は，素朴とはいえども，燃焼という観察事実を説明付けていることに違いない。

もちろん，現在のわれわれから見れば，この火の元素説は明らかに誤りである。われわれは，燃焼という現象が，物質が空気中の酸素と結合する現象であることを知っている。そして，酸化という点では，金属にさびが生じる

現象も，生物の呼吸も，燃焼と同様のものである。ただし，燃焼という観察事実に対して，酸化という説明付けをこの時代の人々に求めるのは無理な話かもしれない。

だが，その当時でも，金属が燃焼したときに，その質量が増加するという観察事実は知られていたのである[9]。もし，火という元素が存在し，それが燃焼する物質にあらかじめ含まれていたとしよう。だとすれば，燃焼によって物質から抜け出した火の元素の分だけ，物質の質量は減るはずである。これは，火の元素説を反証するような観察事実に他ならない。したがって，火の元素説は科学的な仮説のもつ特徴の一部を備えるものではあるが，この説を真なるものとして素直に受け止めることはできないことになる。

では，なぜ，仮説を反証するような観察事実がありながら，このような仮説が長らく保持され続けたのだろうか。その理由についてはいくつか考えられる。その1つとしては，アリストテレスの唱えた仮説が，当時のキリスト教の教義と深く結び付くことによって，真なる理論として受け止められていたからであり，その理論を検証もしくは反証するといった行為は，むしろ信仰の妨げになるものだと考えられたのである[10]。

熱心なプロテスタント信者の家庭に生まれ育ったベーコンは，神の存在を疑うことはなかったが，アリストテレスの理論については，終始，批判を繰り返した。アリストテレスの述べた理論が，ごく限られた観察事実（それは大抵，もっとも身近に観察できるような事実である）だけに注目し，不都合な観察事実を無視することによって導き出され，保持され続けたと考えたからである。

2.　知識とは何か

　　　ベーコンは，彼の代表的な著作「ノヴム・オルガヌム（Novum Organum）」の本文の冒頭で，人間の知識がもつ特徴とその限界について，次のように述べている。

「人間は，自然に奉仕するもの，自然を解明するものとして，自然の秩序
についてじっさいに観察し，あるいは精神によって考察したことだけをな
し，理解する。それ以上のことは，知らず，またなすこともできない」[11]

このアフォリズム（金言，もしくは格言）は，彼の基本的な思想をきわめて
簡潔にまとめたものである。彼の主張をストレートに解釈する限り，人間の
知識とは，自然の秩序を観察して得られたもの，あるいは，そこから考察し
て得られたものだけであり，それ以外には何も得ることはできない。また，
人間の知識とは，自然に働きかけることのできるものだけであり，それ以外
には何もなしえることはできないということになる。ここで明確に排除され
ているのは，純粋に思弁的な知識ということになるだろう。というのも，自
然から得られた知識でもなく，また，自然に働きかけることもできないよう
な知識であれば，それは，ベーコンのいう知識とは明らかに異なるものだか
らである。

自然に働きかけることができるという点では，ベーコンのいう知識は，科
学的な仮説の条件の1つを明らかに備えている。なぜならば，それは実験や
観察事実によって実際に確かめることのできるような知識に他ならないから
である。だが，科学的な仮説のもう1つの特徴とは，単なる観察事実の集積
ではなく，観察事実を説明付けるような概念だという点である。この点で，
ベーコンのいう知識とは，これまで議論してきた科学的な仮説のイメージと
は若干異なっているように思える。というのも，ベーコンのいう知識を文字
通り解釈すると，仮に，それが観察事実そのものやその単なる集積であった
としても，自然に働きかけることができるようなものである以上，それは，
まさに知識に他ならないことになるからである。

どうやら，ベーコンは，自然（観察事実や実験）から得られる知識や，自然
に働きかけることができるような知識は，すべて知識という名に値するもの
と考えていたようである。その意味でいえば，ベーコンのいう知識とは，科
学的な仮説よりも幅広い知識を含むことになる。たとえば，ある農夫が，た
またま冷気にさらされた種子を畑に撒いたところ，その種子から得られた果

実がそれ以外の種子よりも，豊かな実りをもたらすものであったり，好ましい食味（たとえば，甘味とか）をもたらすものであったりしたとしよう。これは，まさに観察事実や実験によって直接的に得られた知識である。また，その知識を活用することによって，つまり，人為的に種子を冷気にさらしてから，畑にまくという行為を経ることによって，再び，自然に働きかけることができるような知識である。

　ただし，このような知識は，いくら有益な成果をわれわれにもたらすものだとしても，それは，やはり観察事実そのものであって，観察事実を説明付けるような特徴をもっているとはいえない。つまり，冷気にさらされた種子から得られる果実がなぜ豊かな実りをもたらすのかという疑問について説明できない以上，それは，科学的な仮説とはいえないからである。

　では，ベーコンの述べる知識が，ラッセルのいうような科学的な仮説とは異なっていたのかといえば，実はそうでもない。ベーコンは，知識を大きく2つに分類しているからである。彼によると，知識をもたらすような経験（観察事実や実験）は，「成果をもたらす実験」と「光をもたらす実験」の2つに区分されるという[12]。前者の「成果をもたらす実験」とは，品種改良や工具の工夫など，自然に働きかけることによって，何らかの成果をもたらす実験である。これに対して，後者の「光をもたらす実験」とは，自然現象の真の原因を明らかにするような実験である。この点からすると，先ほどの農夫が冷気にさらされた種子を畑にまくことから得た新しい知識は，いくら新しい知識をわれわれにもたらせたとはいえ，それは，あくまでも「成果をもたらす実験」というカテゴリーに属すものである。そして，「光をもたらす実験」というカテゴリーには明らかに属さない。なぜならば，この知識は，たしかに自然に働きかけることで何らかの成果を生み出す知識ではあるが，なぜ冷気にさらされた種子が豊かな実りをもたらすのかという問題（つまり，その原因）については，何も明らかにしていないからである。

　このように，ベーコンのいう知識とは，経験（観察事実や実験）から生み出されるものであったり，経験に働きかけることができるようなものであった

りするが，経験そのもの，もしくはその集積だけを知識と呼んでいるわけではない。なぜならば，彼のいう「光をもたらす実験」からもたらされる知識は，経験そのものではなく，その経験を説明付けているという点で科学的な仮説の基本的な条件を満たしているからである。

3. 仮説構築の 2 つのプロセス

　　　　前節では，ベーコンのいう知識のうち，「光をもたらす実験」のカテゴリーに属す知識が，今日でいう科学的な仮説の条件を満たすものであることを明らかにした。当節では，この「光をもたらす実験」のカテゴリーに属す知識が構築されるプロセスについて議論することにしたい。

　ベーコンは，この「光」をもたらす方法として，2 つの道筋を紹介している。1 つの道とは，観察事実から，いきなり真の原因となるような概念（ベーコンは，これを「もっとも一般的な命題」と呼んでいる）にたどり着くといったものである。いうならば，これは，物質が燃えるという観察事実から，火が地球上の物質を構成する基本的な元素の 1 つであるといった理論にいきなりたどりつくような方法といえるだろう。もう 1 つの道は，上記の方法に比べて，観察事実から一歩一歩，真の原因へと近付いていくような方法である。たとえば，それは，空気の体積が圧力と反比例するといった観察事実（中間の一般的な命題）をもとにして，徐々に真の原因となる概念（たとえば，空気もまた粒子であるといった仮説）に近付いていくイメージであろう。彼は，次のように述べている。

　「真理を探究し発見するのは 2 つの道があり，またありうる。その 1 つの道は，感官と個別的なものからもっとも一般的な命題にまで飛躍し，そしてこれらの一般的命題とそれらのもつ不動の真理性から判断して中間の一般的命題を発見するのであって，これが現在とられている道である。もう 1 つの道は，感官と個別的なものから一歩一歩段階的に上昇することによって，一

般的命題を引き出し，最後にもっとも一般的な命題に到達するのであって，これは正しい道であるが，しかしまだ試みられてはいない」[13)

　ベーコンは，前者のように，観察事実からいきなり真なる仮説を引き出すような方法を「自然の予断」と呼んでいる。そして，後者のように，観察事実をもとに一歩一歩，徐々に真なる仮説に近付いていくようなやり方については，「自然の解明」と呼んでいる。もちろん，彼が重要視するのは，もちろん，後者の「自然の解明」であり，そのための方法こそが，彼が提唱する新しい帰納法である。これに対して，前者の「自然の予断」について，彼はまったく評価していない。むしろ，弊害をもたらすものだとまで述べている。というのも，この方法は，ごく限られた観察事項から一気に真なる命題にまでたどり着くという方法であり，このような軽率な方法から導き出される仮説は，多くの場合，空想や錯誤に満ち溢れたものになりがちだと考えたからである（ちなみに，この「自然の予断」は，従来の帰納法によって生み出されたものだと，ベーコンはみなしている）。

　ベーコンによると，これまでの真なる理論とは，実は，この「自然の予断」という方法から導き出されてきたものだという。そして，当時のヨーロッパを支配していたアリストテレス的な世界観が構築されたのも，この「自然の予断」という方法によるものだと考えたのである。彼は，次のように述べている。

　「うえにあげた二つの道はいずれも，感官と個別的なものから出発して，もっとも一般的なもののうちに安んずるが，しかし両者の相違はいわば無限である。すなわち，第一の道はただ通りがかりに経験と個別的なものに軽く触れるだけであるが，第二の道はそれらのものを，本式に，順序正しくゆっくりと取り上げる。また，第一の道はもうはじめから抽象的で役に立たない一般的命題をうちたてるが，第二の道は実際に自然にとっていっそうよく知られているものにまで，一歩一歩登って行くのである。

　…中略… わたくしは，自然に対して用いる人間の推論を「自然の予断」（軽率で早まったものであるから）と，正しい仕方で自然からひき出される推論を

「自然の解明」と，説明の便宜からよぶことにしている」[14]

　先に取り上げた火の元素説を思い出してもらいたい。火の元素説は，木材が燃えるといった身近でありふれた観察事例については，うまく説明付けてくれるのであるが，物質の燃焼という現象を幅広く観察した場合，火の元素説にはそぐわない事例（たとえば，金属の燃焼における質量の増加）があることについては無視している。つまり，火の元素説は，燃焼という現象を広く，注意深く調べたり考えたりすることによって生み出されたものではない。ベーコンは，アリストテレス流の理論構築プロセスについて，次のように批判している。

　「すなわち，合理派の哲学者たちは経験から実にさまざまのありふれた事例を，よく確かめてみることもなく，また注意深く調べたり考えたりすることもなく，つかみとり，そしてその他のものを思索と精神の活動にゆだねるのである」[15]

　ここでいう合理派の哲学者たちというのは，アリストテレスと，彼の哲学を引き継いだスコラ学派の哲学者たちを指している。ベーコンは，アリストテレスの構築した仮説が，観察事実を十分に調べ，注意深く考察することによって導き出されたものではないことを批判したのである。もちろん，これは，先ほどの火の元素説だけではなく，水や土や空気といったほかの元素についても同様である。ともあれ，アリストテレスは，こうした身近でありふれた観察事実をもとに，それを思索と精神の活動にゆだね，最終的には，宇宙の構造までも射程に入れた壮大な世界観にまで発展させたのである。

　ベーコンからすれば，アリストテレスが作り上げたこのような世界観（理論）は，十分な経験（観察や実験）から生み出されたものではなく，単なる軽率な推測にしか過ぎない。むしろ，十分に調べられていない観察事実は，軽率な仮説（アリストテレス的な世界観）をもっともらしく説明付けるための材料として用いられているように見えたのだろう。彼は，引き続き次のように述べている。

　「すなわち，アリストテレスはあらかじめ結論をきめていたのであって，

結論をきめ一般的命題をうちたてるために，経験をゆがめて，いわば捕虜のようにひきずりまわすのである。したがって，この点においても，アリストテレスは，経験をまったくすててしまった，彼の新しい追従者たち（スコラ哲学の仲間）よりもいっそうとがめられるべきである」[16]

　では，ベーコンが「光」と形容した科学的な仮説を導き出す方法とは，いったいどのようなものなのだろうか。それは，少なくとも，アリストテレスの理論構築の方法，つまり，「自然の予断」のような道筋をたどるものであっては決してならない。そのためには，経験（観察事実や実験）をまず幅広く収集する必要がある。また，その仮説は，あくまでも，それらの経験を注意深く考察することによって導き出されるようなものでなければならない。そして，再び経験へと働きかけ，その真偽を問うことができるようなものでなければならない。彼が作り上げようとしたのは，このように，経験と密接に結び付いた仮説を導き出すような方法であった。

4.　ベーコンの新しい帰納法

　　　　　　　ベーコンは，科学的な仮説（光）をもたらすような道筋について，アリストテレス的な「自然の予断」によるものではなく，あくまでも十分な経験に基づく方法に求めた。だが，彼が手にすることのできた方法（論理）とは，ベーコン以前から存在していた単純枚挙的な帰納法と演繹法だけであり，それらはいずれも，皮肉なことに，主にアリストテレスによって定式化されたものであった。

　まず，ベーコンは演繹法の限界について議論する。先に述べたように，妥当な演繹法によって導き出された結論とは，2つの前提から必然的に引き出せるものであり，もともと前提がもっていた情報以外に付け加えられた情報など何もない。したがって，新しい知識を生み出すようなものではない。むしろ，ベーコンにとって，演繹法とは，アリストテレスが自分勝手に作り上げたような世界観（理論）を観察事実に当てはめるための論理にしか過ぎな

い。ベーコンは，演繹法（アリストテレスの三段論法）について，次のように述べている。

「三段論法は命題から成り立ち，命題は語から成り立ち，語はいわば概念の合札である。したがって，概念そのもの（いわば建物の基礎である）が混乱していて，事物から早急にひき出されたものであるなら，その上に建てられるものには，なにも確実なものはないわけである。したがって，唯一の望みは真の「帰納法」にある」[17]

このように，演繹法については早々に見切りをつけ，ベーコンは，次に帰納法について考察を始める。だが，ベーコン以前から存在した帰納法も，やはり，彼のいう「光」をもたらすような方法ではなかった。というのも，観察事実から単純に導き出される仮説は，「太陽が東から昇る」といった観察事実をただ単に集積したような結論をもたらすものだからである。さらに，場合によっては，少数の観察事実から直感的に得られる結論は，しばしば軽率で錯誤に満ちた結論を導き出しかねない。ベーコンは，こうした直感的で飛躍の多い結論もまた，従来の単純な帰納法によるものだと考えたのである。だとすれば，その結論は，アリストテレスの火の元素説のような「自然の予断」になりかねない。なぜならば，少数の観察事実から直感的に導き出された結論は，観察事実を説明するという特徴を持ち合わせたものであったとしても，それは限られた観察事実だけに通用する仮説であり，（たとえば，火の元素説のように，金属の燃焼といった質量が増加するような）矛盾する観察事実によって簡単にくつがえされる危険をはらんでいるという点で，非常にあぶなっかしいものだからである。このことを彼は次のように述べている。

「単純枚挙による帰納法は子どもじみたものであって，その下す結論はあぶなっかしく，矛盾的事例によってくつがえされることを免れず，そしてたいていの場合，あまりにも少数の，それも手近にある事例だけによって断定を下すからである」[18]

そこで，ベーコンは従来の単純枚挙的な帰納の欠点をおぎない，それに取って代わるような方法（新しい帰納法）について議論する。彼によると，ま

ず，単純枚挙的な帰納法の失敗の原因とは，ある現象の本質的な特徴を説明付けるような仮説（結論）を導き出すうえで，手近にある限られた観察事実のみに頼っている点にある。こうした欠点をおぎなうためには，手近にある観察事実だけではなく，考えることのできる，ありとあらゆる種類の観察事実を集める必要がある。このように，ある現象を説明付けるために集められた膨大な観察事実の集まりが「現存の表」と呼ばれるものである。ベーコンは，現存の表を次のように表現し，この現存の表を作ることが，仮説構築（彼の言葉によれば，形相の研究）の第一歩であると主張している。

「形相の研究はつぎのように進められる。すなわち，与えられた本性について，まず第一に，その質料においてはひどく異なっていながら同一の本性をもつという点においては一致する，すべての既知の事例を知性の前に展示しなければならない」[19]

そこで，ベーコンは，熱の形相を研究する場合を例に取り上げ，現存の表のサンプルを実際に作ってみせる。それは，太陽光線であったり，炎であったり，水をかけられた生石灰であったりと，熱を生じさせるさまざまな自然現象の一覧表である。

現存の表には，「熱」が存在するような，ありとあらゆる種類の観察事実（自然現象）が本来集められていなければならない。だが，それらの観察事実をすべて取り上げることは基本的に不可能だという意味で，ベーコンの現存の表は限られたサンプルでしかない。また，内井が述べるように，ベーコンの時代には，彼の提唱する規則を具体的に，かつ十分に説明できるだけの実際の科学的業績はまだそろっていなかったというのが実情であろう。実際のところ，現存の表には，カラシを口に入れると焼けつくような感覚がするといったものまで含まれている。

現代に生きるわれわれからすれば，太陽光線の熱とカラシの辛さといったものを同じ「熱」という自然現象のカテゴリーに含めること自体，かなり違和感がある。だが，科学が生まれ始めた時期に生きたベーコンは，それらの現象を同じ「熱」というカテゴリーに含めてしまっているのである。した

がって，このような使い物にならない観察事実のでたらめな羅列から，もっともらしい結論など，到底導き出せるはずがないと感じたとしても，決しておかしくはない。

だが，このような問題に対して，ベーコンがけっして無関心だったわけではない。というのも，ベーコンは，これらの観察事実の羅列をそのまま仮説構築の材料に使ったわけではないからである。むしろ，これらの観察事実のほとんどは，熱という現象に本質的にかかわらないという理由で，結果的に排除される。そのために用いられるのが，「不在の表」と呼ばれるものである。ベーコンは，不在の表について，次のように述べている。

「第二に，与えられた本性の欠如している事例を知性のまえに展示しなければならない。というのは，形相は（先に述べたとおり），与えられた本性が現存するところに現存するように，その本性が現存しないところには現存しないものでなければならないからである」[20]

この不在の表とは，一見すると，現存の表で取り上げられた自然現象と同類のように思える自然現象なのだが，実際には，熱を生み出さないような自然現象を羅列したものである。たとえば，先ほどの太陽光線は熱を生み出しているが，月や彗星といった他の天体の光には熱を感じないといった観察事実である。これによって，太陽や月といった天体がすべて熱という現象を生み出すものではないことがわかる。

このように，彼は，これら2つの表に示される観察事実の中から，その共通となる特徴（太陽や月の場合には天体）をひとまず想定したうえで，その特徴が，熱という現象に必ずしもかかわらないことを確かめていく。ちなみに，「太陽の光には熱を感じるが月の光には熱を感じない」といった彼の述べる観察事実は，月の光が太陽の反射光であることを知っている現代のわれわれからすれば，かなり怪しげなものである。さらに，彼は「月と星と彗星の光線は触覚に熱く感じられないだけではなく，なおそのうえに，満月のさいには，もっとも寒気が感ぜられるのがつねである」[21]とまで述べている。ここでは，ベーコンの提唱した新しい帰納法の論理の形式にのみ注目し，彼が例

に取り上げる観察事実の内容については当面，目をつむることにしたい。

　さらに，ベーコンは，「程度の表」と呼ばれる第三の表を作成する。程度
の表とは，熱が異なった程度で存在するような自然現象を羅列したものであ
る。その表には，摩擦による熱が，摩擦の強さによって変化するといった観
察事実が多数取り上げられている。ベーコンは，程度の表について次のよう
に述べている。

　「第三に探究されている本性が異なった程度で存在する事例を知性のまえ
に展示しなければならない。　…中略…　何らかの本性が真の形相として承
認されるのは，その本性自身が減少するときには形相がつねに減少するよう
に，その本性が増加するときには形相がつねに増加する場合に限られるとい
うことが必然的に帰結するからである」[22]

　程度の表に関するベーコンの叙述は比較的理解しやすいものだろう。これ
は今でいう相関関係の有無を示している。ある自然現象とそれを引き起こす
本質的な特徴の間には，少なくとも相関関係が存在しなくてはならないとい
うものである。

　これらの表を作成した後で，いよいよ熱の形相（本質的な特徴）の探求が始
まる。その方法は，熱の形相に関係しないと思われる自然現象の特徴をどん
どん削除していくことである。たとえば，先ほどの熱をもつ太陽光線と熱を
もたない月や彗星の光という観察事実から，天体という共通する特徴を導き
出したうえで，その特徴が熱に直接関係しない場合には，それを消去してい
く方法である。このように，熱が存在する場合には見られないような自然現
象の特徴，熱が存在しない場合に見出されるような自然現象の特徴，熱が増
加しているにもかかわらず増加しないような自然現象の特徴，これらの自然
現象の特徴が熱の本質からどんどん省かれていく。そして，最後に残ったも
のが熱の本質に関わる特徴ということになる。ベーコンはその方法について，
次のように述べている。

　「真の帰納の第一の仕事は（形相の発見に関するかぎり），与えられた本性が現
存するような事例において見出されない本性，与えられた本性が現存しない

ような事例において見出される本性，ある事例において与えられた本性が減少するときに増加するが，与えられた本性が増加するときに減少するのが見出される本性——こういった本性を一つ一つ除外ないし排除することである。つぎに，この除外と排除が適切に行われたのち，第二に，（浮薄な意見は雲散霧消してしまうから）堅固で真実で正しく規定された肯定的形相が（いわば基底に）残るであろう」[23]

　このように，ベーコンの提唱した帰納法とは，観察事実の単なる一般化などでは決してない。それは，観察事実に共通するような特徴を導き出すというよりも，観察事実によって排除できないような特徴を探索するためのものであった。このような点で，ベーコンの主張する新しい帰納法は，従来の単純枚挙的な帰納法とは明らかに異なるものである。ここでは，彼の仮説構築プロセスの中間結果を紹介することにしたい。

　「こうしてあいまいなところがすべて除かれたから，今こそ，運動を特殊化して，これを熱の形相とする，真の種差に至らなければならない。

　〔一〕第一の種差はこうである。すなわち，熱は膨脹運動であって，これによって物体は，それ自身を拡張し，以前に占めていたよりも大きい領域ないし体積を占有しようとつとめるということである。ところで，この種差がもっともあらわになるのは焰においてであって，焰においては，煙や濃い蒸気は，あきらかに，ひろがり，焰となってあらわれ出るのである。

　このことは，沸騰しているすべての液体においてもあきらかであって，そのような液体は，あきらかに膨らみ，高まり，泡立って，その液体自身よりもはるかに伸び広がった物体，すなわち蒸気，あるいは煙，あるいは空気に変わってしまうまで，自己膨張の過程をつづけるのである。

　…中略…　しかし，この運動がもっともよく認められるのは空気においてであって，空気は，わずかな熱によっても，ただちに，あきらかに膨張する。それは第三表第三八の事例にみられるとおりである。

　このことはまた，それとは反対の冷の本性においてもあきらかである。すなわち，冷はあらゆる物質を収縮させて，いっそう窮屈な空間のなかに押し

こめるのである。したがって，寒冷がきびしいと釘が壁から抜け落ち，しんちゅうにひびが入り，また，熱せられたガラスが急に冷たいところにおかれると，ひびが入って割れる。同じように，空気は少し冷やされると，小さく収縮するのであって，それは第三表第三八の事例にみられるとおりである。しかしそれについては，冷の探求のさいにもっと詳しく述べることにする」[24]。

　ベーコンは，さまざまな観察事実に基づいて，熱という現象の本質的な特徴が物質の膨張運動であると，ひとまず結論付ける。だが，彼の探索はそこで終了しない。なぜならば，彼の求めるものは「光」，つまり，科学的な仮説であり，熱という現象に共通に観察されるような特徴であり，なおかつ，観察事実から否定することのできないような特徴がどのようにして引き起こされたのかという点にあるからだ。そこで，物質の膨張運動が引き起こされる理由について，ベーコンは引き続き考察し，この膨張運動の原因となる仮説を「最初の収穫」と呼んだ。その内容は，次のようなものである。

　「熱とは，膨張し，阻止され，抵抗する〔物体の〕小分子間の運動である」[25]

　彼の述べるように，物質が小分子によって構成されているとするなら，熱という現象は小分子間の運動の活発化であり，この活発化した運動こそが膨張という現象を引き起こすということになる。

　結果的に見れば，ベーコンの熱の仮説（小分子間の運動）には，観察事実からすると飛躍があるように思える。実際のところ，この仮説は，当時の知識人たちの多くが抱いていた物質の「粒子説」という信念に，大きく影響されたものだといえる。だが，彼はこの粒子説という仮説を太陽光線の暖かさやカラシの辛さといった観察事実を単純に一般化して導き出したわけではない。これまで見たように，熱という現象のさまざまな特徴を批判的に考察し，観察事実と合致しない特徴をどんどん排除したうえで，その残余としての熱の本質的な特徴が膨張運動であることをまず示している。そして，最終的に，この膨張運動を説明付けるものとして，当時，知識人の間で信じられ

ていた「粒子説」という仮説を取り上げているのである。この小分子間の運動という概念は、膨張運動という熱の本質的な特徴を説明付けているという点で、これまで述べてきた科学的な仮説の条件を満たすものだといえる。

　以上述べたように、ベーコンの提唱した仮説構築のプロセスは、あくまでも観察事実に基づくものである。ただし、ベーコンの仮説構築の論理（つまり、彼の新しい帰納法）は、従来の帰納法のような観察事実の単なる集積ではない。ベーコンの帰納法の大きな特徴は、中間的な仮説（熱の本質的な特徴）を観察事実から考察しながら、その中間的な仮説を観察事実によって排除していくといった模索の繰り返しである。そして、様々な中間的な仮説が次々と消去された後、最後に「熱とは膨張運動である」という中間仮説（本質的な特徴）が残される。そして、この中間的な仮説をさらに説明付けるような、「熱とは小分子間の運動である」という一般的な仮説が構築されることになる。

　これらの点からすると、ベーコンが作り上げた新しい帰納法とは、仮説構築の論理でもあるのだが、そのプロセスの中には、仮説の反証という側面が明確に含まれている。つまり、彼の提唱した新しい帰納法とは、観察事実によって、ありとあらゆる仮説構築の可能性を試みながら、さらに、その生み出された仮説を観察事実によって、できる限り削減してゆき、最後に残ったものをひとまずは科学的な仮説とするような方法であったといえる。

5.　ベーコンへの批判に対して

　　　　　本章では、ベーコンの新しい帰納法について、主にラッセルの見解をもとに議論を行ってきた。ラッセルの見解によると、ベーコンの帰納法の欠点の根拠は、仮説というものに十分な強調がおかれていないというものであった。この見解については、十分に反論できたように思える。というのも、ベーコンは、「仮説」という言葉が存在しなかった時代に

もかかわらず，現代の科学的な仮説に相当するような概念，つまり，「最初の収穫」や「光（をもたらす実験）」といった用語を用いて，科学的な仮説とは何かを的確に示唆しているからである。

　ただし，ラッセルがいうように，ベーコンが「秩序正しくデータを整理しさえすれば，正しい仮説は明白になってくると考えた」という点に関しては，十分に反論できたとはいえないかもしれない。実際のところ，ベーコンは，観察事実や実験結果が整備されるなら，非常に短い期間で，真なる科学理論に到達できると考えていたふしがある[26]。残念ながら，彼の予測から4世紀以上を過ぎても，この世界には未知の領域がまだまだ存在するという意味で，われわれはいまだに真なる科学理論を明らかにしたわけではない。その点で，彼の見通しがかなり甘いものだったことはまぎれもない事実である。

　また，結果的に見て，ベーコンの仮説構築プロセスで扱われる事例の中には，現在のわれわれからすると，首をかしげたくなるようなものがたしかに存在する。だが，その疑問のほとんどは，内井が述べるように，近代的な科学が発達しておらず，科学的な仮説を構築するうえでの材料となるような観察事実が十分に揃っていなかったという当時の状況に起因するものであろう。

　たとえば，彼は熱に関するあらゆる事例を集めなければならないと主張するが，集められた事例は限られたものに過ぎない。そして，そのほとんどは，熱く感じるか寒く感じるかといった，感覚に直接訴えかけるような主観的な体験であって，客観的な指標を用いて温度を測定したものではない。だが，こうした点についても，ベーコンを一方的に責めるわけにはいかない。世界初の温度計（1592年にガリレイによって発明されたガリレオ温度計）が発明されたのは，ちょうどベーコンが活躍していた時代であり，その温度計が示す値も大まかな目安でしかなかった。ましてや，摂氏や華氏といった温度を示す基準となる指標も当時は存在しなかったのである。

III. ベーコン哲学の意義

　　　　　これまでの議論をまとめてみることにしたい。アリストテレスを含め，古代ギリシアの哲学者たちは，この世界で生じる現象を説明付けるようなありとあらゆる仮説を構築した。これらの仮説は，この世界で生じる現象を説明付けているという点で，科学的な仮説の条件を部分的には満たしている。

　だが，問題は，生み出された仮説が観察事実によってテストされてきたかどうかという点にある。この点において，アリストテレスの仮説がどれほど壮大なものであったとしても，仮説にそぐわない観察事実を無視することによって，その正しさが保持されているのであれば，それは決して好ましい状況だとはいえない。結果的に，そのことが古代ギリシアから 1500 年以上にもわたる停滞をヨーロッパにもたらせたのだとすれば，なおさらのことである。

　したがって，ベーコンの生きた時代には，経験を説明付けるだけの仮説構築の論理ではなく，経験によって棄却できるという意味で，経験から決して乖離しないような仮説構築の論理が切実に求められたのではなかろうか。それは，ありとあらゆる仮説構築の可能性を観察事実から導き出すような論理ではなく，むしろ，その逆に，軽率に導き出されたような仮説を，観察できる事実によって，できる限り消去し，その残余としての仮説をひとまずは科学的な仮説として認めるような論理であったといえる。

　このように，ベーコンの科学的方法論は，科学的理論に到達するまでの見通しの甘さや，収集した観察事実の不十分さや不適切さを認めた上でも，今日でも決して色あせることはない。なぜならば，彼が「光」や「最初の収穫」といった言葉で形容した概念は，今日でいう科学的な仮説とおおむね同じものだからであり，また，彼は科学的な仮説というものが現象を説明付けるだけでなく，経験（観察事実や実験）によって確認できるもの，棄却できる

ものだということを明確に述べているからである。

　ベーコンは，科学という言葉すらまだ存在しない時代において，科学的な仮説のもつ重要な特徴を的確に指摘し，仮説構築の方法をはじめて議論した人物であった。ベーコンは科学的方法論の創始者に他ならないのである。

[注]
1)　（ラッセル　1970）p. 535
2)　（ラッセル　1970）p. 538
3)　シュヴェーグラーは，哲学史の代表的な古典ともいえる著作「西洋哲学史」のなかで，ラッセルと同様，ベーコン哲学の歴史的意義は十分に認めながらも，その中身については，「ベーコンの哲学には内容がない」と述べ，ものの見事に切り捨てている。

　　「したがって，彼の歴史的意義は，一般的に言えば，かれが同時代の人々の目と思考とを再び与えられた現実，まず第一に自然に目を向け，以前は偶然事にすぎなかった経験をそれ自身思考の対象とし，経験が必要欠くべからざることを一般に意識させたことである。科学的な経験の原理，思考的な自然研究の原理をもたらしたのがかれの功績である。しかし，彼の意義はただこの原理をかかげたことにある。かれはその『科学の威厳および進歩について』（"De dignitate et augumentis scientiarum" 1620 年）のうちで新しい分類原理にしたがって諸科学の体系的な集成を企てており，またベーコンには今なお格言として用いられるような多くの鋭利で示唆に富む言葉が豊かにまきちらされているが，しかし厳密に言えばベーコンの哲学には内容がない。──ベーコンの主著は『ノーヴム・オルガーヌム』（"Novum Organum" 1623 年）である。」（シュヴェーグラー　1939）
4)　科学的方法論を専門とする研究者であるハンソンは，その著作のなかで，ベーコンの帰納法について次のように述べている。

　　「物理法則として典型的な例をあげれば，運動法則，重力の法則，熱力学，電磁力学，あるいは，古典・量子力学における電荷の保存などがあろう。
　　　第一には次のような方の説明がある。こうした法則は，ベイコンの言う「個々の単一なものを枚挙していってもそれに反するような事例にぶつから

ないとき，それを根拠に帰納されたもの」によって得られたというのである。実際にはこれは当たっていない。しかしこの型の説明に同意する哲学者も従来少なくなかった」（ハンソン　1986）p. 150

　ベーコンの研究者もまた，ベーコンの提唱した帰納法が一般に低い評価しか与えられていないことを認めている。塚田は，ベーコンの帰納法について次のように述べている。

　「多くの研究者が指摘するように，ベイコンの帰納法は，近代科学の確立と発展に具体的に寄与することはすくなかった。その方法は多くの場合，現代の科学の水準からすれば，また当時の科学の水準からしても，稚拙な結論しか生み出さなかった」（塚田　1996）p. 183

5)　（内井　1995）p. 17

6)　ルネサンス（Renaissance）という言葉が「再生」を意味することはよく知られている。一般に，ルネサンスとは14世紀から16世紀にかけて，イタリアを中心に西ヨーロッパで起こった文化的な運動であり，具体的には，古代ギリシアやローマ文明の復興運動であった。それは，古代ギリシア時代から数えること，なんと1500年以上にも及ぶ非常に長い年月が過ぎ去ったあとで，西ヨーロッパの知識人たちは，再び，はるか昔のギリシア文明を振り返り，その古代の知識を復興しようというものであった。時代を経るに従って，（多少の間違いはあったとしても）何らかの進歩が文明のさまざまな分野で積み重ねられていくといった歴史観を持ちがちな現代のわれわれにとって，これはあまり理解できないような運動である。だが，1500年以上も続いた停滞，もしくは退歩をその当時の西ヨーロッパの知識人たちは実感せざるを得なかったのである。

　その直接的なきっかけになったのは，1453年に東ローマ帝国が崩壊し，その首都コンスタンチノープル（今のイスタンブール）から逃れてきたギリシアの学者たちが，古代ギリシアの哲学や思想を大量に西ヨーロッパへと運んできたことにあった。当時，西ヨーロッパでは古代ギリシア時代の思想に関する研究はすでにすたれてしまっており，わずかに，アリストテレスやプラトンの思想の一部が間接的な資料から知られていただけであった。そこに，古代ギリシアの数多くの哲学者や文学者，芸術家たちの表現する多様で豊饒な世界観が流れ込むという事態が起こったのである。

　また，ガリレイやケプラーのような科学者たちが唱えた主張も，中世を

支配し続けたキリスト教的な教義とは全く異なるものであった。そして，アメリカ大陸の発見や，東インド航路の開拓によって，中世的な世界観が大きな変革を受けたことも，その1つである。さらに，長年にわたり安定した地位を保ち続けてきたキリスト教（カトリック教会）に対して，このルネサンス期には非常に大きな変革が引き起こされた。ルター（Martin Luther 1483-1546）による宗教革命である。従来の世界観が大きく揺らいでいた時代において，ルターの抗議文は大きな反響を呼び起こすことになった。その抗議文は，当時発明された印刷機によって，ヨーロッパ中に行きわたり，キリスト教の堕落や教義に対する不満に一気に火をつける結果になってしまったのである。

　このように，ベーコンが生まれた時代は，中世的な秩序が何度も懐疑的な目にさらされ，新しい時代へと移り変わる歴史の大きな変換点にあった。かれの育った家庭は非常に熱心なキリスト信者（プロテスタント）であり，彼もまた神の存在を疑ったことはなかった。だが，中世において絶大な力をもち続けたアリストテレスの理論については，これを乗り越え，新しい理論を構築すべきであるという姿勢を崩さなかった。

7)　　たとえば，ニュートンの代表的著作（万有引力の法則について述べた著作）のタイトルは『自然哲学の数学的諸原理』（Philosophiae Naturalis Principia Mathematica）である。このように，ベーコンの約1世紀後に活躍するニュートンの時代においても，自然哲学という言葉が用いられており，科学という言葉はまだ使われていない。

8)　（チャルマーズ　1983）pp. 121-122

9)　（バターフィールド　1978b）p. 122

10)　　中世を代表する哲学者としては，いわゆるスコラ学派に属する人たちが知られている。その代表的な人物としては，カトリックの僧侶であり，その教義をそれぞれ完成の域にまで高めたドミニクス派のトマス・アクィナス（Thomas Aquinas 1225-1275），フランチスクス派のドゥンス・スコートゥス（Duns Scotus ?-1308）が挙げられる。ベーコンが，スコラ学派をアリストテレスの後継者と呼ぶように，彼らの主張はアリストテレスから大きな影響を受けている。

11)　（ベーコン　2005）p. 231

12)　（ベーコン　2005）pp. 275-276

13）（ベーコン　2005）pp. 233-

14）（ベーコン　2005）pp. 234-235

15）（ベーコン　2005）p. 246

16）（ベーコン　2005）p. 247

17）（ベーコン　2005）pp. 233-234

18）（ベーコン　2005）p. 278

19）（ベーコン　2005）p. 303

20）（ベーコン　2005）p. 305

21）（ベーコン　2005）p. 305

22）（ベーコン　2005）pp. 312-313

23）（ベーコン　2005）p. 320

24）（ベーコン　2005）p. 325

25）（ベーコン　2005）p. 328

26）　　ベーコンは，観察事実や実験結果が整備されるなら，真なる科学理論は容易に手に入ると考えてもいたようである。石井によると，ベーコンはノヴム・オルガヌムの直後に発表した著作『安息日の前日』で次のように述べているという。「自然史と実験史がなければ，たとい全地球が哲学の研究のための学寮に変わったとしても，何ものも起こらない。反対に，これらが完成されたならば，自然や学問についての探求は二，三年の仕事である」（石井　1977）p. 179

第3章

消去による帰納法

Induction by Elimination

I. ゼンメルワイスの探求

　　　　　科学哲学や科学的方法論をあつかった文献におい
て，ゼンメルワイスの産 褥 熱についての研究は，しばしば引き合いに出さ
れる。ヘンペルも，その著作の冒頭で科学的探索の重要な一例として，この
ゼンメルワイスの研究について詳細に述べている[1]。ヘンペルがこの事例を
取り上げたのは，仮説が検証されるプロセス，もしくは棄却されるプロセス
を説明するためである。この章では，J. S. ミルによって定式化された近代
的な帰納法である「消去による帰納法（Induction by Elimination）」を用いた仮
説構築プロセスの説明のためにこの事例を取り上げたいと思う。

　イグナツ・ゼンメルワイス（Ignaz Semmelweis, 1818-1865）は，ハンガリー
に生まれた医師で，1844 年から 1848 年にかけて，ウィーン総合病院におい
て，産褥熱の研究を行った。産褥とは，妊娠から分娩を経て，それ以前の妊
娠していない状態の体に戻るまでの期間を意味するもので，この期間に，妊
婦はしばしば発熱の症状を呈し，それは当時，死に至ることもある恐ろしい
病気であった。ゼンメルワイスが従事したウィーン総合病院の第一産科で

は，1844 年に分娩した 3157 人のうち 260 人（8.2%）が，この病気のために死亡し，1845 年では 6.8%，1846 年では 11.4% が死亡した。彼は，このような状況に深く悩むとともに，その同じ病院の隣接した第二産科の産褥熱の死亡率に注目した。その病棟では，第一産科とほぼ同じ数の妊婦を収容していたが，産褥熱で死亡する割合はずっと低かったからである。その割合は，同じ年に，おのおの 2.3，2.0，2.7% であった。

　ゼンメルワイスは産褥熱についての当時の見解を検討することからはじめた。当時，広く受け入れられていた見解の 1 つは，産褥熱の猛威とはいわゆる流行病に他ならないというものだった。だが，流行病だとしたら，なぜ，第一産科と第二産科で，これほどの差が生じるのであろうか。流行病であれば，このように場所を選ぶことはないだろう。

　他の見解によれば，定員過剰が第一産科の高死亡率の原因であった。だが，高死亡率でもともと悪名が高かった第一産科の定員過剰は，第二産科に比べて，ましなものだった。

　さらに，次のような見解が存在した。ウィーン総合病院では，死者が発生した場合，その死者に対する祈りのため，司祭が鐘を鳴らしながら，遺体安置所におもむくことが常であった。また，遺体安置所に向かう際には，第一産科の共同病室を通過せねばならず，なおかつ，第二産科を通過する必要はなかった。そこで，司祭が第一産科の共同病室を通ることが，妊婦に何らかの心理的影響を与えることによって，産褥熱による死をもたらせているのではないかという見解が唱えられたのである。このような見解を受け，ゼンメルワイスは，司祭が遺体安置所へ向かう経路を変更し，第一産科の共同病室を避け，遠回りすることとともに，鐘を鳴らすことを取りやめてもらうことにした。だが，結果はまったく変わらなかった。

　また，1846 年に，この問題を調査するために制定された委員会は，第一産科での死亡率の高さを医学生の粗雑な診察によるものと結論付けた。だが，ゼンメルワイスは次のような点に注目することによって，この考えを退けた。まず，分娩において自然に生じる損傷は，粗雑な診察による損傷より

はるかに大きいこと。また，第二産科で修行を受けた助産婦は，第一産科と
まったく同じ仕方で診察したが，悪い結果は生じなかったこと。さらに，委
員会の報告にしたがって，医学生の妊婦に対する診察を最小限にとどめたと
しても，死亡率は明確に減少することはなかった。死亡率は一時的に減少し
たものの，いまだかつてなかったほど上昇したからである。

　1847年に起こったある事件が，この問題の解決の糸口をゼンメルワイス
にもたらすことになった。それは，彼の同僚が検死解剖を行っていた際に，
メスで刺し傷を負い，産褥熱と同様の症状を示す病におかされ，死亡した出
来事だった。この出来事は，第一産科と第二産科の職務や環境を熟知するゼ
ンメルワイスにとって，産褥熱による死亡率の格差を説明付ける上で，大き
なヒントになった。

　実は，第一産科の医学生たちは，検死室で解剖を行ってから病室に直行す
るのが日常であったのに対して，第二産科の医学生たちは，死体の解体によ
る解剖学の教育は行われていなかったからである。だとすれば，第一産科の
学生の手に付着した死体の何らかの物質こそが産褥熱を引き起こした原因で
はないかということになる。当時，このような感染症を引き起こす物質（の
ちに細菌などの微生物であることが判明する）の存在は，まだ確認されていなかっ
た。だからこそ，ゼンメルワイスは，「死体の何らかの物質」という表現を
使ったのである。

　早速，ゼンメルワイスはこの仮説（死体の何らかの物質が産褥熱による死亡を引
き起こす原因である）の真偽を確かめようとした。もし，この考えが正しいの
であれば，手に付着した死体の何らかの物質を除去することができれば，死
亡率は減少するはずである。当時の第一産科では，検死後，簡単に手を洗う
だけで病室に直行するのが常であり，しばしば死体特有のいやなにおいを付
けたまま，妊婦の診察を行っていた。そこで，彼は，すべての医学生に対し
て，診察の前に，さらし粉（塩化カルシウム）の水溶液で手を洗うことを命令
した。その結果，産褥熱の死亡率は急速に減少し始め，驚くべきことに，第
二産科では1.33%，そして，第一産科では1.27%まで下がったのである。

このような功績によって，今日では，ゼンメルワイスは感染予防の父と評される。だが当時，ゼンメルワイスの主張は認められず，ウィーン総合病院を追われ，続いて職を得たハンガリーのペスト大学も追われ，失意のうちに死を迎えることになる。

II. 消去による帰納法

1. 一致法と差異法

(1) 一致法

　　　　　消去による帰納法は，問題の原因となる要素を明らかにするために考案された方法であり，現在でも因果関係の存在を探求する局面において，よく用いられている。この方法は，17 世紀を代表する哲学者の一人である F. ベーコンによって，その原型が作られ，19 世紀イギリスの経済学者であり，哲学者でもある J. S. ミルによって，現在，知られるような形に定式化された。

　ミルは，われわれの経験に秩序を与え，統一へと導く方法を，5 つのカノン（canon：準則）という形式にまとめている。カノンとは，経験を単純化し，組織化されたものにするための従うべき規則を示す哲学用語である。ミルは，これら 5 つのカノンを観察や実験から法則を導き出すうえでの唯一可能な方法であり，自分自身，これ以外の方法は知らないし，また想像することもできないとまで述べている[2]。

　カノンが規則や基準を意味する以上，それは，われわれの思考や習慣の特徴を漠然と書き綴ったものなどではない。ミルの 5 つのカノンも経験を秩序化するための規則を明確にまとめたものである。ミルはその解説の冒頭で次のように述べている。

「一現象に先行し，またはそれに後続する事情の中から，この現象と不変的法則によって実際に連結されている事情を選び出すための，もっとも簡単でかつ最も明瞭な方法には，二つある。一つはこの現象の生起している多くの異なった事例を一つに集めて比較することである。他はこの現象の生起している事例と，この現象と他の点では類似していながら，しかもこの現象の生起していない事例とを，互いに比較することである。この両方法はそれぞれ一致法および差異法と名付けることができる」[3]

このように，経験を単純化し，組織化されたものにするうえで，もっとも基本的な方法が，一致法と差異法である。これらの手法はそれぞれ単独で用いることもできるのだが，多くの場合，連続的に用いられることが好ましい手法でもあるため，ここでは，この2つのカノンの概略と特徴をまとめて紹介したいと思う。まず，一致法（method of agreement）について，ミルは次のように述べている。

「研究しようとする現象を含んだ二つ以上の事例が，ただ一つの事情だけを共通にしているとき，すべての事例がそれにおいてのみ一致する事情は，与えられた現象の原因（または結果）である」[4]

一致法では，まず，ある問題が生じたときに，それがどのような条件の下で生じたものなのかをいろいろと探索する。そして，そのときに共通して観察されるような要素を問題の原因として注目するという方法である。

たとえば，食中毒で病院に担ぎ込まれた患者が何人かいたとしよう。食中毒という結果が生じた原因を明らかにしようとする場合，これらの患者に共通する何らかの要素があったかどうかを確かめようとするのはごく自然な探索の流れである。そして，もし患者たちが，ある店で出された料理を共通して食べていたようであれば，それが食中毒の原因ではないかと考えるのもまた当然のことであろう。こうした探索の流れは，次のような図式で書き表すことができる[5]。

(1. 一致法)

前提1　AB　→　X

前提2　AC　→　X

結　論　A　→　X

　この例では，2種類の患者の行動に着目して，食中毒の発生という結果を
Xとし，その結果が生じたときの条件となる要素をA，B，Cといった記号
で表現している。→（矢印）は，A，B，Cといった要素を含む条件（前件）
のもとで，Xという結果（後件）が発生したことを示すものである。いま仮
に，「Aという店で飲食をとった」という事実を要素Aとし，要素Bは「B
という店で飲食をとった」という事実を，そして，要素Cは「Cという店
で飲食をとった」という事実を意味するものとしよう。

　この例の場合，Xという結果をもたらせたのは，おそらくAという要素
であることが推測できるだろう。なぜならば，Xという結果をもたらせた前
提のうち，共通して観察できる要素はAのみであり，それ以外のBやCと
いった要素が存在しても，また存在していなくても，Xという結果がもたら
されているからである。だとすれば，「Aという店で飲食をとった」という
事実（要素A）は，Xという結果を発生させる原因の手がかりということに
なる。

　ゼンメルワイスの探索のスタートもまた，産褥熱の発生に共通する要素に
注目して，その原因となる手がかりを導き出そうとするものであった。実
際，彼の探索は，産褥熱による死亡者が多い第一産科だけに共通する要素を
探索することから始まっている。まず，「流行病」といった要素が浮かび上
がるが，それは第一産科だけに見られるものではないという点で却下され，
次に浮かび上がった「定員過剰」という要素は事実にそぐわないという点で
却下される。そして，ひとまずは，「死者に対する祈りのため，司祭が鐘を
鳴らしながら，第一産科の共同病室の前を通って遺体安置所におもむくこと
が妊婦に何らかの心理的影響を与える」という要素が，その原因の手がかり

として注目されることになる。

(2)　一致法の問題点

　消去による帰納法のみならず，帰納法全般に共通する特徴とは，観察された事実にもとづいて，何らかの推測を行うという点である。事実に基づかない推測は，いわゆる当て推量ということになる。ゼンメルワイスの探索においても，こうした当て推量にしばしば出くわす。先ほど述べた，産褥熱がいわゆる流行病だといった当時の見解や，第一産科の定員過剰にあるといった見解である。これらの見解は，まったくのところ，事実無根の説明付けにしか過ぎない。これに対して，一致法による推測は，少なくとも何らかの根拠をもつという点において，事実無根の説明付けよりは確からしいものである。

　ただし，一致法によって導き出された答えは，あくまでも手がかりでしかない。というのも，一致法による推測では，前提の内容が仮に 100% 正しかったとしても，結論が 100% 正しくなるとは限らないという特徴をもっているからである。

　たとえば，産褥熱を引き起こす原因として考えうる要素は，他にも挙げることができるはずである。それは，司祭が第一産科の共同病室の前を通るということの他にも，近親者のなかで産褥熱による死亡例が存在する（仮に要素Aとする）であったり，初産（要素B）であったり，さらに産褥熱を引き起こす要素は，他にも，要素C，D，E，F…といった具合に，いくらでも想定することができるだろう。だとすれば，これらの例で取り上げなかった要素が産褥熱を引き起こす原因であることも十分考えられる。これは，原因となる重要な要素を見過ごしてしまったことによる誤りである。サモンは，一致法による推測がとんでもない勘違いを引き起こす次のような事例を取り上げている。

　「ある人が自分の酔いの原因はなんだろうか探ってみようとした。ある晩彼はソーダで割ったスコッチを飲み，つぎの晩ソーダで割ったバーボンを飲

み，その次の晩はソーダで割ったライ麦製ウィスキーを飲んだ。そして彼は
ソーダが彼の酔いの原因だと結論した」[6]

　この笑い話では，酔いという結果を要素 X とし，ソーダを飲んだという
事実を要素 A，スコッチやバーボンやライ麦製ウィスキーを飲んだという
事実をそれぞれ要素 B，C，D とすると，先に述べた一致法による推測と同
じような図式になる。この場合，すべての前提に共通する要素 A（ソーダを
飲んだ）という事実が酔いの原因ということになる。

　もちろん，この推測は誤りである。この場合，スコッチとバーボンとライ
麦製ウィスキーに共通に含まれるアルコール成分が酔いの原因になってい
る。だが，われわれが酔いの原因を知らなかったとすれば，このような推測
が行われたとしても決して不思議なことではない。実際のところ，この事例
が笑い話でありえるのは，われわれが酔いの原因をすでに知っているからに
他ならない。そのような意味で，この笑い話は，一致法の1つの欠点を端的
に指し示しているのである。

　さらに，一致法の欠点を挙げるならば，原因と結果の取り違えをはじめと
する，因果関係の錯誤ともいうべき問題が考えられる。この問題もまた因果
関係を考察する上で避けて通ることのできない由々しき問題である。この問
題についてはあらためて後述することにしたい。

(3) 差異法

　このような一致法の欠点に対して，第2のカノンである差異法（method of
difference）は，その有効な解決手段を与えてくれる。差異法について，ミル
は次のように述べている。

　「研究しようとする現象の生起している事例と，その現象の生起していな
い事例とが，前者においてのみ生起している一つの事情を除いて，すべての
事情を共通にしているならば，それにおいてのみ両事情が異なる事情はその
現象の結果であるか，原因であるか，また原因の欠くことのできない部分で
ある」[7]

差異法は，ある結果を引き起こす原因と考えられる要素をひとまず想定したうえで，その要素を含む事例と含まない事例の導き出す結果を比較するという手法である。差異法による推測は，次のような図式で書き表すことができる。

（2-1．検証に成功した場合の差異法）
前提1　AB　→　X
前提2　B　→　␣
結論　A　→　X

上の図式では，結果 X を引き起こすと思われる要素を A とおき，A 以外の要素をひとまとめにした要因を B としている。つまり，A という要素の有無を除けば，前提1と2はまったく同じ条件ということになる。この場合，A という要素が存在するケース（前提1）において，X という結果が生じ，A という要素が存在しないケース（前提2）において，X という結果が生じない（ここでは空白 "␣" であらわすことにする）のであれば，この A という要素こそが X を生じさせる原因である可能性が強いということになる。
　ちなみに，ある1つの要素だけを除いて，他の要素をまったくの同一条件にすることは，人為的に環境を整えない限り，なかなか自然には生じない場合も多いだろう。その意味で，ミルも述べるように，差異法とは実験的な手法だといえる[8]。

ゼンメルワイスの探索においても，この差異法が用いられた事例がある。それは，一致法で得られた仮説「司祭が第一産科の共同病室の前を通る（要素 A）ことが産褥熱による死亡をもたらす（結果 X）」を検証する局面である。ゼンメルワイスは，「司祭が第一産科の共同病室の前を通らない」状況を作り出すことによって，実験的な環境を整えたのであるが，残念ながら，2つのケースにおいて妊婦の産褥熱による死亡率の差は生じなかった。彼が

行った検証プロセスは，次のような図式で表現できる。

(2-2. 検証が失敗に終わった差異法)

前提1　AB　→　X
前提2　B　　→　X
結　論　A　　→　⌐

　この例において，「司祭が第一産科の共同病室の前を通る」という要素A
が存在する事例（前提1）に限り，「産褥熱による死亡」という結果Xが発生
するのであれば，この要素Aこそが結果Xを引き起こす原因ということに
なる。これは差異法による推測が成功した場合である。しかしながら，「司
祭が第一産科の共同病室の前を通る」という要素Aには，「産褥熱による死
亡」という結果Xとの関連性はなかった。司祭が第一産科の共同病室の前
を通るという事例（前提1）についても，司祭が第一産科の共同病室の前を通
らない事例（前提2）についても，産褥熱による死亡という同一の結果Xが
発生したからである。この結果，「司祭が第一産科の共同病室の前を通る」
という要素Aは「産褥熱による死亡」という結果の原因ではないことがわ
かる。これは差異法による推測が失敗した事例ということになる。

　さて，差異法は今日でも様々な調査研究の局面において多く活用されてい
る。たとえば，医薬品の効能（結果X）を確かめるためによく用いられる二
重盲検法は，この差異法に基づく検証方法である。二重盲検法では，試薬
（要素A）を与える被験者のグループ（前提1）と偽薬（要素Aなし）を与える
被験者のグループ（前提2）に分け，できる限り，A以外の条件（要素B）を
同一に整える。たとえば，被験者はできる限り同じようなメンバー構成（た
とえば，年齢，性別，体格など）に揃えたうえで，被験者および実験者の心理的
な思い込み（いわゆるプラシーボ効果）をできる限り排除するための措置が取ら
れる。たとえば，偽薬と試薬の形状や重さを同一にし，被験者がどちらのグ

ループに属しているのかは，被験者にはもちろん知らされないし，薬を被験者に与える実験者にも知らされない。このように，要素 A 以外の条件をできる限り厳密に揃えたうえで，要素 A の有無が結果 X の有無に強い影響をおよぼしているのであれば，ひとまずのところ，要素 A は結果 X を生じさせる原因と見なしてもよいということになる。

2. その他の手法

⑴ 一致差異併用法

第 3 のカノンである一致差異併用法（joint method of agreement and difference）について，ミルは次のように述べている。

「問題の現象が生起している二つ以上の事例が，ただ一つの事情のみを共通にしており，他方，その現象が生起していない二つ以上の事例が，その事情の不存在であることを除いて，何物をも共通にしていないとき，この二組の事例がそれにおいてのみ異なる事情は，その現象の結果であるか，原因であるか，または原因の欠くことのできない部分である」[9]

一致差異併用法は，一見したところ，これまでに述べた一致法と差異法を両方とも同時に使用する探索方法のように思える。なぜならば，「併用」という名称もさることながら，一致差異併用法による推測は，次のような図式で書き表すことができるからである。

（3. 一致差異併用法）

前提 1a　AB　→　X 　　　前提 1b　B　→　⌣
前提 2a　AC　→　X 　　　前提 2b　C　→　⌣
結　論　A　→　X

この図式で見るように，前提の縦系列（たとえば，前提 1a と前提 2a）は，一致法と同様であり，前提の横系列（たとえば，前提 1a と前提 1b）は，差異法と

同様に見える。では，一致差異併用法とは，一致法と差異法の特徴を兼ね備えた強力な手法ということになるのだろうか。実はそうでもないようだ。一致差異併用法が差異法のような厳密に実験環境を整えたうえでの探索ではないという点で，ミルは，この手法を間接差異法といった名前で呼んだり，一致法の拡大ないしは改良であると述べたりしている[10]。つまり，一致差異併用法とは，差異法のような強い検証力をもつ手法ではなく，一致法と同様に，原因発見のための手がかりを生み出すに過ぎない手法ということになる。

　ゼンメルワイスの探求においても，この一致差異併用法のような発想が活用されたと思われる事例が存在する。それは，「死体の何らかの物質」という仮説の発見プロセスである。いま仮に，「検死解剖を行った」という事実を要素Aとし，「簡単に手を洗うだけで妊婦の診察を行った」という事実を要素Bとし，「メスによる刺し傷が生じた」という事実を要素Cとしよう。そして，要素Xは，「産褥熱（もしくはそれによく似た症状）による死亡」である。
　先程の一致差異併用法の図式にこれらを当てはめた場合，要素X「産褥熱（もしくはそれによく似た症状）による死亡」の原因の手がかりになるのは，要素A「検死解剖を行った」という事実ということになる。なぜならば，Xという結果をもたらす前提のうち，共通して観察できる要素はAのみであり，それ以外のBやCといった要素が存在しても，また存在していなくても，Xという結果がもたらされているからである。さらに，要素Aが存在するときと存在しないときの事例を比較した場合，要素Aが存在したときのみにXという結果がもたらされるのであれば，Aという要素，つまり，「検死解剖を行った」という事実は，Xという結果を発生させる原因の重要な手がかりということになる。
　この「死体の何らかの物質」という仮説の発見プロセスは，同僚の死という偶然の出来事がきっかけになっているのだが，「検死解剖を行った」という原因の手がかりと「産褥熱（もしくはそれとよく似た症状）による死亡」とい

う結果を結び付けることができたのはゼンメルワイスが病院の業務を熟知していたからに他ならないだろう。

　というのも，メスによる刺し傷は医師であれば起こりがちな事故であり，その小さな刺し傷の存在自体が死亡につながるとは思えない。では，なぜ小さな刺し傷が医師を産褥熱に似た症状による死亡へと至らせたのであろうか。この場合，「検死解剖を行った」という事実に問題があるのではないかと考えるのは自然な思考の流れであろう。つまり，検死解剖の際に傷口から「死体の何らかの物質」が体内に入ったことが死亡の原因ではないかということになる。

　同様に，簡単に手を洗っただけで妊婦の診察をしたこと自体が妊婦の死亡につながるとも思えない。だが，第一産科の学生だけが検死室での解剖の実習後に，簡単に手を洗うだけで妊婦の診察を行っていた事実について彼が熟知していたのであれば，話は別である。検死解剖の際に手に付着した「死体の何らかの物質」をしっかりと取り除かなかったことが第一産科の妊婦の死亡率を高くした原因であると考えるのもまた自然な思考の流れであろう。つまり，妊婦の診察の際に，第一産科の医学生たちの手についた「死体の何らかの物質」が妊婦たちの体内に入ったことが死亡の原因ではないかということになる。

　もちろん，「死体の何らかの物質」が体内に入ったことが産褥熱による死亡の原因ではないかという推測はあくまでも推測にしか過ぎない。そして，ミルが述べるように一致差異併用法によって得られた仮説が一致法と同様，あくまでも原因の手がかりに過ぎないのであれば，実験環境を整えたうえでの差異法による調査が次に必要になる。実際，ゼンメルワイスも当然のように差異法を使った実験を行っている。

　「死体の何らかの物質」という要素（要素 A）の有無が，産褥熱による死亡という結果 X にどのような影響をおよぼすのかを確かめるために，彼が行ったのは，塩化カルシウム溶液による手洗いの実施であった。この実験によっ

て，「死体の何らかの物質」という要素（要素A）が取り除かれたケースでは，従来のケースに比べ，「産褥熱による死亡」（要素X）という結果の発生が著しく低下することが確認された。つまり，「死体の何らかの物質」という要素は，産褥熱（もしくはそれによく似た症状）による死亡を引き起こす有力な手がかりであることがわかる。このように，ゼンメルワイスは，一致差異併用法と差異法を用いることによって，「死体の何らかの物質が産褥熱（もしくはそれによく似た症状）による死亡を引き起こす」というきわめて重要な仮説を得たことになる。

⑵　剰余法

　第4のカノンである剰余法（method of residue）について，ミルは次のように述べている。

　「ある現象から，以前の帰納によって，しかじかの前件の結果であるとしてすでに知られている部分を排除せよ。そのときは現象の剰余部分は，剰余の前件の結果である」[11]

　剰余法とは，これまでの研究によって，ある要因Bと結果Yとの因果関係がすでにあきらかである場合（前提2）には，前提A，Bから結果X，Yが発生している状況（前提1）から，要素Bと要素Yを取り除いてしまってもいいという方法である。この方法を適用した場合，結果的に，Bという要素を取り除いた要素Aという前提と，Yという要素を取り除いた要素Xという結果が残ることになる。つまり，Xという結果を引き起こす原因とは，要素Aということになる。剰余法による推測は，次のような図式で表すことができる。

（4. 剰余法）

　　前提1　　AB　　→　　XY
　　前提2　　B　　　→　　Y
　　結　論　　A　　　→　　X

　残念ながら，ゼンメルワイスの探索では，この剰余法が用いられたと思われる事例は見当たらない。このため，剰余法の事例については，第1章でも取り上げた有名な海王星の発見のエピソードを再度取り上げることにしたい。

　海王星が発見されるきっかけとなったのは，観測された天王星の軌道が，ニュートンの重力仮説から導き出される予測と少しずれていたという事実であった。この問題に対して，アダムスとルベリエは，それぞれ独立に，天王星の軌道のずれが未知の惑星（海王星）の存在によるものと推測した。この推測を剰余法の図式に当てはめるなら，次のようになるだろう。

　前提2から見てみよう。要素Bは，ニュートンの重力仮説や，太陽および既知の惑星の配置など，当時の既存知識をひとまとめにしたものであり，結果Yは，これらの既存知識から導き出される天王星の理論上の軌道ということになる。次に，前提1における結果XYは観測された天王星の実際の軌道であり，理論上の結果Yとは異なり，軌道のずれという要素Xが反映されたものとなる。この場合，当時の既存知識だけでは実際の軌道を説明付けることはできない。このため，要素X（天王星の軌道のずれ）を引き起こす原因となる何らかの新しい要素が必要になる。そして，この新しい要素こそが，要素A（つまり海王星）の存在ということになる。

　これまでに検討した3つのカノンはお互いに似通った推測の形式を備えていた。それは，観察された事実から，何らかの結論を得るという形式である。だが，この剰余法には，これまで述べてきた方法とは異なる点がある。それは，このカノンが観察事実だけではなく，法則や理論などをはじめとする，既存知識を用いた仮説構築の論理だということである。

　通常，既存知識と観察事実をもとにした論理形式は演繹法で用いられるものであり，観察事実のみをもとにした従来の帰納法とは異なっている。ミルもこうした点を考慮したのか，剰余法のことを演繹法にも依存する帰納法と述べている[12]。ともあれ，既存知識と観察事実を前提とした論理は，従来

の枚挙的帰納法とは全く異なる論理形式であり，また，ベーコンの唱えた帰納法にも存在しない形式である。ミルは剰余法が仮説構築において強力な道具となることを認識していたようで，次のように述べている。

「剰余法は我々の発見の道具として，最も重要なものの一つである。自然法則を研究するすべての方法の中で，この方法が，予期しない成果を示してくれるのには最も役立つ。原因も結果もそれだけでは観察者の注意を惹くほどに顕著でないような，そういうような継起関係を我々にしばしば知らせてくれるのはこの方法である」[13)]

(3) 共変法

ミルが，経験を単純化し，組織化されたものにする方法の最後に取り上げるのが，共変法（method of concomitant variation）である。共変法について，彼は次のように解説している。

「ある他の現象がある特殊な仕方で変化する度毎に，何らかの仕方で変化する現象は，その他の現象の原因であるか，結果であるか，または因果関係のある事実によって，これと連結している」[14)]

共変法は，後件に量的な変化が見られる場合，それに対応するように変化する前件の要素に注目するという方法である。つまり，これは相関関係に注目する方法ということになる。共変法による推測は次のような図式で書き表すことができる。

（5. 共変法）
前提1　AB　→　X
前提2　AB ± dA　→　X ± dX
結　論　A　→　X

この推論の形式は，最初に取り上げた一致法や差異法とよく似ている。その違いは，結果 X とそれを引き起こす原因として想定された要素 A との関

係が，その存在の有無ではなく，その存在の量的な変化という程度の問題として取り扱われていることにある（±dA は A の増減分を示し，±dX は X の増減分を示す）。そして，ある要素の量的な変化がある結果の量的な変化を常にもたらすのだとすれば，ある要素とある結果のあいだには相関関係が見られるという点で，何らかの関連性の存在が推測できることになる。

ゼンメルワイスの探索でも，この共変法が用いられた事例が存在する。それは，産褥熱の調査のために制定された委員会が出した報告について，彼が行った実験である。委員会の調査結果によると，第一産科での産褥熱による死亡率の高さという結果 X を引き起こした原因は，医学生の粗雑な診察という要素 A ということであった。だとすれば，医学生の診察の頻度を下げれば，妊婦の死亡率は低下するはずである。

結果的に，ゼンメルワイスの探索では，粗雑な診療という要素 A と産褥熱による死亡という結果 X の間には，このような関連性は見られなかった。委員会の報告にしたがって，医学生の妊婦に対する診察を最小限にとどめたとしても，死亡率が減少することはなかったからである。だとすれば，要素 A は結果 X を引き起こすような原因ではなかったことになる。

3. 因果関係の錯誤という問題

今日でも，要素間の相関関係の存在は，因果関係を推測するうえでの手がかりとしてよく用いられる。ただし，相関関係が存在するのだとしても，それがただちに因果関係を意味するわけでは決してない。なぜならば，因果関係の錯誤ともいうべき由々しき事態が存在するからである。たとえば，政治学者の久米は次のような事例を紹介している[15]。

ある NPO 法人のホームページでは，朝食をとらないこと（原因となる要素 A）が青少年の非行を生み出す（結果である要素 X）といった因果関係を取り上げて，朝食をしっかりとることが非行を防ぐといった提案を行っているという。この場合の因果関係を図示するならば，次の図 3-1 のようになるだろう。

この主張の根拠になっているのは，内閣府が行った青少年の非行原因に関する大規模な総合的研究調査である。この調査によると，朝食をとっているかどうかと，非行に走るかどうかには強い相関関係があったという。もし，この図3-1のような因果関係が存在するのだとすれば，朝食をしっかりとるようにするという対策は，青少年の非行を防ぐうえでの根本的な解決策になるはずである。

図 3-1　因果関係図 1

　だが，朝食をとらないことと非行との間の相関関係が明確だとしても，朝食をとらないこと（原因）が非行を生み出す（結果）という因果関係が成立するとはいい切れない。たとえば，夜更かし気味の非行少年であること（原因）が朝食をとらないような生活（結果）を生み出しているのかもしれない。この場合，「要素 A（原因）　→　要素 X（結果）」という因果関係は，実際のところ全く逆で「要素 X（原因）→　要素 A（結果）」かもしれない（図3-2）。

図 3-2　因果関係図 2

　この場合には，朝食をしっかりとるようにしたところで，青少年の非行が防げるかどうかは期待できない。なぜならば，朝食をとらないことは青少年の非行を生み出す原因ではなく，青少年の非行がもたらす結果の 1 つにしか過ぎないからである。

　また，親が子供に対して無関心な家庭環境（要素 C）が，一方で子供の非
行という結果を生み出すとともに，もう一方で子供のためにわざわざ面倒な
朝食など作らないという結果を生み出しているのかもしれない。この場合に
は，「要素 C（原因）　→　　要素 A（結果）および要素 X（結果）」になるだろう
（図 3-3）。

図 3-3　因果関係図 3 [16]

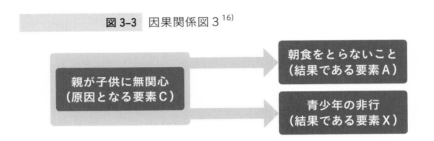

　この場合，青少年の非行と朝食をとらないことの間には相関関係は存在す
るが，因果関係は存在しない。本当の原因は親が子供に無関心であることが
原因で，このことが青少年の非行と朝食をとらないことという 2 つの結果を
生み出していることになる。
　さらに，親が子供に無関心という結果を生み出しているのは何かを調査し
たところ低収入の子育て世帯という状況がその有力な原因として浮び上がっ
たとしよう。だとすれば，低収入の世帯であるがゆえに，生活のためにあく
せく働かざるを得ず，結果的に，子供に十分な世話が行えないといった図式
が浮かんでくる（図 3-4）。
　親が子育てに一見無関心に見えるのは，実は生活にゆとりがないためなの
である。この場合には，低所得の子育て世帯に対する援助を行うことが，該
当する世帯にゆとりをもたらし，最終的には青少年の非行を防止することに
なるだろう。
　このように，要素間の相関関係が存在するからといって，その因果関係ま
でもが明らかになったとはいえないし，ましてや，根本的な解決策が明らか

図3-4 因果関係図4

```
┌─────────────────┐     ┌─────────────┐     ┌─────────────────┐
│ 低所得の子育て世帯 │ ──→ │ 親が子供の世話を │ ──→ │ 朝食をとらないこと │
│ （原因となる要素D） │     │ 十分に行えない  │     │ （結果である要素A） │
└─────────────────┘     └─────────────┘     └─────────────────┘
                                          │ ──→ │ 青少年の非行      │
                                                │ （結果である要素X） │
                                                └─────────────────┘
```

になったとは到底いえないのである。ミルも，相関関係がそのまま因果関係を示しているのではないことをしっかりと認識しており，先ほど取り上げた共変法のカノン（準則）のすぐ直後に次のように述べている。

「右の準則の最後の文句は，二つの現象がその変化において相互に伴うとき，一方が原因で他方が結果であるとは，必ずしも認めがたいから，特に追加したのである。二つの現象が共通原因の異なる二つの結果と仮定しても，同じことが起こるかもしれないし，又実際に起こるに相違ないのである。そうしてこの方法だけでは両仮定のいずれが真であるかを確かめることができないであろう。

この疑点を解決する唯一の方法は，我々がこれまでしばしば言及していた方法，即ち変化の一方の現象を，変化の他方の現象によって生起させることができるかどうかを確かめるべく努力するやり方である」[17]

このように，ミルは相関関係が必ずしも因果関係を示すものではないことを明確に述べたうえで，因果関係の錯覚を防ぐための方策まで提案している。ミルが推奨しているのは，差異法のように実験環境を厳密に揃えたうえで，原因と思われる要素Aの有無が結果Aの有無を生じさせるかどうか，また，要素Aの増減が結果Xの増減を引き起こすかどうかを確かめてみることである。これらの項目は，因果関係の錯覚を避けるための重要なチェックポイントとして，今日でもよく取り上げられる[18]。

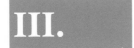

消去による帰納法と
ベーコンの帰納法

1. ベーコンの帰納法との対比

　　　　　この節では，これまで述べてきたミルの消去による帰納法と，その原型になったといわれるベーコンの帰納法との共通点および相違点を述べたいと思う。結論から述べるならば，ミルの一致法と差異法と共変法は，ベーコンの現存の表と不在の表と程度の表に対応するものであり，これらの表の目的や用途など，基本的な考え方は非常によく似ている。

　まずは，ミルの一致法とベーコンの現存の表から比較してみることにしよう。ミルの一致法とは，ある特定の結果が生じている様々な事例を集め，それらを比較したうえで，原因となる共通の要素を見つけ出すというものであった。この考え方は，ベーコンの現存の表でも同様である。ベーコンは現存の表について次のように述べている。

　「形相の研究はつぎのように進められる。すなわち，与えられた本性について，まず第一に，その質料においてはひどく異なっていながら同一の本性をもつという点においては一致する，すべての既知の事例を知性の前に展示しなければならない」[19]

　このように，ベーコンも，ある特定の結果を引き起こす原因と思われる要素を見つけ出すためには，そのような結果を引き起こしている様々な事例をまず集めなければいけないと主張している。

　結果的に，ベーコンは熱の研究の事例として，熱の本性をもつ28種類の事例を取り上げているのだが，この現存の表だけを使った分析は行われていない。実際に，彼が分析を行っているのは，次のステップで作成される不在の表の事例との対比を通してである。

次は，ミルの差異法とベーコンの不在の表の比較である。差異法とは，ある結果を引き起こす要素をひとまず想定したうえで，その要素が存在する事例と存在しない事例を実験的に作り出し，それらの事例の導き出す結果を比較するというものであった。この場合，ある要素が存在する事例にのみ，特定の現象が生じるのであれば，その要素こそが原因の重要な手がかりということになる。

　ミルの差異法に対応するのは，ベーコンの不在の表である。彼は不在の表について次のように述べている。

　「第二に，与えられた本性の欠如している事例を知性のまえに展示しなければならない。というのは，形相は（先に述べたとおり），与えられた本性が現存するところに現存するように，その本性が現存しないところには現存しないものでなければならないからである」[20]

　ベーコンの不在の表とミルの差異法の共通性もまた明らかだろう。なぜならば，いずれの手法も，原因と想定される要素が存在する事例（ベーコンの言葉では，与えられた本性が現存する事例）と存在しない事例（ベーコンの言葉では，与えられた本性の欠如している事例）を比較して，その要素が存在する事例にのみ，ある特定の現象が生じるのであれば，その要素こそが原因として受け止めることができると主張しているからである。

　最後は，ミルの共変法とベーコンの程度の表の比較である。共変法は，後件に量的な変化が見られる場合，それに対応するように変化する前件の要素に注目するという方法である。つまり，相関関係に注目する方法ということになる。これは，ベーコンの程度の表についても同様である。彼は次のように述べている。

　「第三に探究されている本性が異なった程度で存在する事例を知性のまえに展示しなければならない。　…中略…　何らかの本性が真の形相として承認されるのは，その本性自身が減少するときには形相がつねに減少するように，その本性が増加するときには形相がつねに増加する場合に限られるとい

うことが必然的に帰結するからである」[21]

　ベーコンの程度の表とミルの共変法の共通性もまた明らかだろう。いずれ
も因果関係が存在するためには少なくとも相関関係が存在しなくてはならな
いと述べているからである。ただし，ミルが因果関係の推測にありがちな錯
覚に触れたうえで，そのような錯覚を防ぐための手段について述べているの
に対して，ベーコンは何も言及していない。

　このように，ミルの5つのカノンはおのおの単独に用いられる方法で，な
おかつ結論を導き出すための規則が明確に規定されている。これに対して，
ベーコンの3つの表には，結論を導き出すための規則はあまり明確に述べら
れてはいない。このため，3つの表をおのおの単独に用いることができるの
かどうかについても不明確である。3つの表から仮説を導き出す方法につい
て，ベーコンが述べているのは次のとおりである。

　「真の帰納の第一の仕事は（形相の発見に関するかぎり），与えられた本性が現
存するような事例において見出されない本性，与えられた本性が現存しない
ような事例において見出される本性，ある事例において与えられた本性が減
少するときに増加するが，与えられた本性が増加するときに減少するのが見
出される本性——こういった本性を一つ一つ除外ないし排除することであ
る。つぎに，この除外と排除が適切に行われたのち，第二に，（浮薄な意見は
雲散霧消してしまうから）堅固で真実で正しく規定された肯定的形相が（いわば
基底に）残るであろう」[22]

　以上述べたように，ミルの一致法，差異法，共変法と，ベーコンの現存の
表，不在の表，程度の表の基本的な考え方は非常によく似ている。この特徴
だけでも，ベーコンの帰納法はミルの消去による帰納法の原型であると結論
付けてもいいだろう。ただし，ミルの消去による帰納法における5つのカノ
ン（準則）がおのおの単独で用いられる方法であるのに対して，ベーコンの
3つの表がおのおの単独に用いられるものなのかどうかは不明である。さら
に，ミルの5つのカノンでは，結論を引き出すための推論の形式が明確に述

べられ，なおかつ，おのおののカノンの短所やそれに対する対応策まで述べられているのに対して，ベーコンの3つの表では仮説を導き出すうえで，ミルのような明確な規則も注意すべき点も述べられてはいない。このように，ベーコンの科学的方法はミルほどには明確なものではない。さらに，これに付け加えるならば，仮説構築においてベーコンが取り上げる事例には現在のわれわれからすると不適切なものが多く含まれており，彼の仮説構築の方法をわかりにくいものにしていることは否定できないだろう。

2. 仮説構築の論理としての消去による帰納法

　　　　　ミルの消去による帰納法は，自然科学，社会科学を問わず，今日でも幅広く用いられている探索の方法であることに間違いはない。この章の締めくくりとして，消去による帰納法が果たして仮説構築の論理といえるのかどうかを考えることにしたい。

　まずは仮説のもつ特徴を手短にまとめてみたい。第1章で主に行ってきた議論を振り返るならば，仮説とは，おおむね次のような3つの特徴をもつといえるだろう。

⑴　仮説とは，観察事実そのものやその単なる集積ではなく，観察事実が生じる理由や原因などを説明付けるものである。

⑵　そもそも仮説とは，文字通り真偽不明な説明付けであり，検証もしくは反証することが可能なものでなくてはならない。

⑶　仮説には，（第1章で取り上げた粒子説のように）その仮説が生み出された時点では，観察事実によって，その正しさを直接的に確かめることが困難な場合もしばしば存在する。

　1つめの特徴について考えてみることにしよう。消去による帰納法とは，そもそも観察事実が生じる原因を探索するために作られた手法であり，それ

は，観察事実そのものでもなければ，ただ単純に観察事実を積み重ねたものでもない。たとえば，産褥熱の原因とみなされた「死体の何らかの物質」という仮説は，当時その物質を直接的に観察することができなかった以上，観察事実そのもの，もしくはその蓄積でなかったことは明白である。

次に，2つめの特徴である。消去による帰納法は，原因となる要素を探索しては，それが正しいかどうかを確かめる作業という繰り返しである。たとえば，一致法によって，ある要素がある現象の原因として見出されたのであれば，次に差異法によって，その要素がある現象を実際に引き起こすかどうかが検証される。そして，もし検証に失敗したのであれば，その要素は消去され，新たな要素を見出すためにまた新しい探索が行われる。このように，消去による帰納法から生み出される仮説はまさに真偽不明なものであり，検証もしくは反証することが可能な仮説ということになる。

最後の特徴について考えてみることにしたい。ゼンメルワイスの探索では，最終的に「死体の何らかの物質」が産褥熱を引き起こす原因であるという仮説にたどり着くのであるが，この仮説が示唆するのは，すでに述べたように，当時，直接には観察することのできない物質であった。それは実際に存在するのかどうかもわからない，まさに理論的対象というべきものに他ならないのである。

以上述べたように，ミルの消去による帰納法は，ある結果が生じる条件を探索することによって，そこから原因となる手がかりを導き出すうえで，有益な方法をわれわれに提示してくれる。そして，この方法から導き出される結論は，まさに真偽不明なものであり，なおかつ，観察事実によって反駁することが可能な仮説である。さらに，消去による帰納法は，仮説が生み出された時点では，その正しさを直接的に確かめることが不可能な理論的対象を導き出す場合もしばしば存在する。これらの点で，消去による帰納法は，まさに仮説構築の論理の条件を備えていると結論付けられる。

さて，ゼンメルワイスがたどりついた仮説，つまり，「死体の何らかの物

質が産褥熱を引き起こす」という仮説は，図らずもゼンメルワイス自身の手によって，覆されることになる。それは，子宮頸部に腫瘍を生じ，化膿している婦人の診察を行った直後に，これまで通り簡単に手を洗っただけで同じ部屋の婦人を順次診察したところ，これらの婦人たちの大多数（なんと，12名のうち11名）が，産褥熱と同様の症状を生じた後，亡くなってしまったのである。

　腫瘍を生じている婦人は生きていたのだから，まぎれもなく死体ではない。したがって，この仮説は修正される必要がある。この出来事は，ある仮説がたとえ確からしいものだとしても，その仮説が限られた観察事実によって生み出されたものである以上，それが真なる理論とはいえないことを端的に物語っている。

[注]

1) （ヘンペル 1967）pp. 4-12
2) （ミル　1958）p. 220
3) （ミル　1958）p. 185
4) （ミル　1958）pp. 190-191
5) 　この一致法の図式は，ミルの叙述とは異なっている。もともとミルの一致法は，次のような文章で書きあらわされている。

　「我々は前件（現象）antecedent をアルファベットの大文字によって示し，これに応ずる後件（現象）consequent を小文字で示すことにする。…中略… たとえば，A が B と C と共に試行 try され，結果は abc であるとせよ。次に A が B と C と共にではなく，D と E と共に試行され，そうして結果は ade であると想定せよ。…中略… 我々は a を，abc と結合している場合と，ade と結合している場合との二つの違った結合のうちに観察して，これらの事例においては先行する事情が，それぞれ ABC 及び ADE であることを知るか，又は発見できるならば，我々は前例におけると類似の推理によって，A が後件 a と因果関係の法則によって連結している前件である

と結論することができる。BとCは第二の結合の場合では存在しないから，aの原因ではありえないし，DとEとは第一の結合の場合において存在しないから，aの原因ではありえない。ABCDEの五つの事情の中でAだけが，両事例においてaの前件の中に含まれていることが見出されたのである」（ミル　1958）pp. 186-188

このミルの文章をそのまま図式化にすると，次のようになるだろう。

(1-2. ミルの叙述に基づいた一致法)
前提1　ABC　→　abc
前提2　ADE　→　ade
結　論　　A　→　a

この一致法の図式では，原因Aが結果aを引き起こすと結論付けられている。その理由は，ミルが述べているように，ABCDEという前件の5つの要素の中でAのみが結果aを引き起こす共通の要素だからである。ただし，この表記法では，原因Bが結果bを引き起こし，原因Cが結果cを，原因Dが結果dを，そして，原因Eが結果eを引き起こすといった因果関係までもが，前提において想定されているように見えてしまう。だが，このような要素間の一対一の因果関係を前もって想定することは現実的ではない。ここでは，不要な因果関係の存在を前もって意識させることを避けるため，原因となる要素をAやBやC，結果をXという具合に，お互いの因果関係を想起できないような形式で表記することにした。ミル自身も，このように整然とした因果関係を想定することが真実ではないことを次のように述べている。

「観察と実験との四方法を前に述べたときに，我々はこれによって共存現象の多数の中から，与えられた原因に相当する特定の結果，又は与えられた結果を生ぜしめる特定の原因を辯別することを工夫したのであるが，その際に先ず第一に必要であったことは，簡単の目的から，この分析的操作には，操作の本性に本質的に内属する難点以外の難点が伴わないことを想定することであった。したがって，どの結果も一方において唯一の原因ともっぱら結合すると考えること，他方において，他の共存する結果と混在したり混合したりすることができないと考えることであった。我々はある

瞬間に存在する現象の集合 abcde を，相互に類似していない a，b，c，d，e という多くの事実から成立していると考え，これらのいずれかの一つに対して，一つのそして唯一つの原因だけを求めることが求めることが必要だと考えた。難点はただ一つの原因を多くの前件的事情である A，B，C，D および E の中からえらび出すことであった。じっさい，この原因は単純なものではないかもしれない。多くの条件が集って成立しているのかもしれない。しかし我々は，与えられた結果が生ずるためには，条件の唯一つだけ可能な集合があると想定していたのである。

　これが真実であるならば，自然の法則を研究することは比較的容易な仕事であろう。しかしこのような想定は右のいずれにおいても維持しがたい。第一に，同じ現象が常に同じ原因から生じるものだということは真実ではない。a という結果は時には A から，時には B から生ずるかもしれない。第二に，異なった原因の結果は，しばしば似ていないとはいいがたくむしろ同質的なことがある。A と B とが a と b とを生じないで，a という一つの異なった部分を生ずることがある。現象の法則を研究する際の曖昧と困難とが，特にめだって増大するのは，これらの事情―結果の混合と原因の複数性―を注意しなければならない必要があるからである。この二つの事情のうち，後者は前者よりも単純であるから，我我は先ず我々の注意を後者に向けることにしよう。

　一つの結果が唯一の原因，言いかえると条件の唯一つの集合とだけ結合しなければならないということ，各現象は唯一つの仕方でだけ生ずることができるということは真実ではない。同じ現象が発生できるための，多くの互いに独立な仕方がある。ひとつの事実は，多くの普遍的継起関係における後件となることができる。ひとつの事実が，多くの前件のうちのどれか一つもしくは前件の多くの集合に伴って，等しい斉一性によって，継起することができる」（ミル　1958）pp. 266-267

6）　（サモン　1967）p. 127

7）　（ミル　1958）p. 193

8）　差異法が要求するような条件，つまり，ある１つの要素だけを除いて，他の要素を厳密に同一条件にすることは，人為的に実験環境を整えない限り，なかなか現実には生じないものである。ミルも次のように述べている。
　「差異法では，その必要とする結合の本性が，一致法においてよりもずっ

と厳密に定義されているのは，差異法の特殊な性格に内在していることである。相互に比較される二つの事例は，我々が研究しようとしている一つの事情を除いて，すべての事情において相互に厳密に類似していなければならない。…中略… 自然が自ら行う操作には，一般にひじょうな複雑さとあいまいさとがある。その操作は圧倒的な大規模で行われることもあるが，微細すぎて捉え難い場合もある。そこに実際行われている事実については，我々はその大部分を知らない。そうして我々の知らないのではない事実でさえも，種々雑多であって，したがって二つの事例において，正確に似ているということも減多にないのである。それ故に差異法において要求されるような種類の実験は，自然発生的なものとしては，なかなか見つかるものではない。これに反して，人工的実験によって，現象を作り出すときには，この方法が要求するような一対の事例は，その過程が長く続かないことを認むるとすれば，いつでもしごく当たり前のこととして簡単に作ることができる」（ミル　1958）pp. 194-195

9) （ミル　1958）p. 202

10) 　ミルは次のように述べている。

　「この方法は，間接差異法もしくは一致差異法と呼ぶことができよう。そうして一致法を二重に使用したわけである。その際二つの証明の各々は相互に独立であるが，それぞれの証明を強化している。しかしこの方法は直接差異法による証明と等価ではない。…中略… この間接法は一致法の拡大乃至改良としてのみ見られるべきものであって，論証力のいっそう強い性質をもつ差異法に属すると考うべきものではない」（ミル　1958）p. 201

　このように，一致差異併用法という名称とはうらはらに，この方法は一致法を二重に行ったものに過ぎないとミルはとらえている。また，一致差異併用法が一致法の変種である以上，一致法の欠点も持ち合わせていることになる。

11) （ミル　1958）p. 205

12) （ミル　1958）p. 220

13) （ミル　1958）p. 204

14) （ミル　1958）p. 211

15) （久米　2013）pp. 124-127

16) （久米　2013）p. 127 図 7-3 をもとに作成

17)（ミル　1958）p. 211

18)　　たとえば，社会学者の高根は因果関係が成立するための条件を次のよう
に述べている。(高根　1979) p. 83

　　1. まず独立変数（前件）の変化が，従属変数（後件）の変化に先行する
という，時間的順序が確立していなければならない。2. 次に両変数間の共
変（相関）関係を確かめなければならない。3. そして最後に他の重要な変
数が，変化しないという条件を確立しなければならない。

　　これらの条件は表現こそ異なるが，ミルの主張する条件とおおむね同様
のものである。

19)（ベーコン　2005）p. 303
20)（ベーコン　2005）p. 305
21)（ベーコン　2005）pp. 312-313
22)（ベーコン　2005）p. 320

第4章

パースと科学の方法

C. S. Peirce and His Scientific Method

I. パースと科学の方法

1. 探求とは何か

　　　　プラグマティズムの創始者として知られるC. S. パース（Charles Sanders Peirce, 1839-1914）は，アメリカ合衆国マサチューセッツ州ケンブリッジに生まれた。ハーバード大学の数学教授であった父から英才教育を受けて育った彼は，数学，物理学，化学，哲学といった数多くの分野で，早くから頭角を現した。特に，論理学や科学的方法論といった学問分野における業績は，その当時としては先駆的なものであった。だが，その内容が独創的なものであるがゆえに，生前は不遇であり，その死後あらためて注目を浴びるようになった人物である。アメリカ哲学の研究者である米盛は，パースの残した先駆的な業績について，次のように述べている。

　「チャールズ・サンダース・パース（Charles Sanders Peirce, 1839-1914）――アメリカの哲学者，論理学者，数学者，物理学者，化学者――はプラグマティズムの創始者であり，現代記号学（記号に関する一般理論）の創設者の一人である。パースは「かれの時代のもっとも偉大な形式論理学者」で，ブー

ル，フレーゲ，シュレーダーらとともに，現代の数学的論理学（または記号論理学）の先駆者でもあり，かれはまた，デデキント，カントールらとともに集合論，超限数論に重要な貢献をし，数学の論理的哲学的分析の現代的発展における先駆者の一人でもある。パースはさらに自然諸科学の方法と成果に精通し，今世紀における科学方法論，科学哲学の発展に最も大きく貢献した人である。その上かれは優れた科学史家で，哲学史家（特に，スコラ哲学とカント哲学の権威）でもあり，そして現象学，科学的形而上学の分野でもきわめて独創的な思想を多作しており，パースはたしかに「合衆国が生んだ最も多才で，最も深遠な，そして最も独創的な哲学者」と言える」[1]

　パースによれば，われわれは常に何らかの探求（inquiry）を行う存在であるようだ。彼によると，探求とは疑念（doubt）から生じ，信念（belief）が得られたときに停止する。また，疑念という刺激は，信念に到達しようとする努力を生じさせる唯一の直接的な動機であり，そして，この信念の形成へと至る探求こそが，思考の唯一の機能だという[2]。
　パースのいう「探求」とは，非常に幅広い精神的活動を指している。彼によれば，鉄道馬車の中で，ポケットから財布を取り出して，その中をのぞいてみたところ，5セントのニッケル貨1枚と1セントの銅貨5枚があった場合に，「馬車の運賃を5セント1枚で支払おうか，それとも1セント5枚で支払おうか」という問いに答えを与えるようなものですら，探求に該当する[3]。このささやかな探求は，いずれにせよ5セントの運賃を支払うという結果になることに違いはないのだが，もし，そこに何らかのためらいが生じたのであれば，いかに行動すべきかを決心させるような精神的な活動が刺激されることになる。その時，「馬車の運賃を5セント1枚で支払おうか，それとも1セント5枚で支払おうか」という問いかけは，まさに「疑念」となり，そこから生じるちょっとした決心，たとえば，「5セント1枚で支払おう」という決心は，まさに「信念」と呼ぶべきものになる。
　こうしたささやかな精神的な活動も探求に該当するものならば，たしか

に，われわれの日常は，さまざまな探求で満たされていることになるだろう。たとえば，「昼ごはんを近くのレストランでとるべきか，コンビニエンスストアで弁当を買うべきか」といった問いかけは「疑念」ということになり，「レストランで昼ごはんを食べる」という決心は「信念」ということになる。さらに，レストランでメニューをひろげた瞬間に「どれにしようか」と迷うのも「疑念」であるし，結果的に何かの料理に決めて，その料理を注文するのも，「信念」によるものである。

　ここで取り上げた例は，探求という精神的な活動のささやかすぎる一面だろう。ただし，探求という活動が幅広い精神的な活動を意味している以上，文字通り，「探求」という名にふさわしい精神的な活動も間違いなく存在する。その 1 つとして，探求の中には，いわゆる科学的な探求が挙げられる。パースの主張に従えば，科学的な探究もまた，疑念から生じることになる。たとえば，これまでの常識や既存の仮説とは矛盾するような事実が発見された場合など，たしかに，大きな疑念がわいてくるだろう。このような疑念こそが科学的な探究の原動力となる。そして，この科学的な探究という精神的活動によって，最終的にその疑念が解消され，信念が形成された場合（たとえば，問題を解決できるような新しい仮説が生み出され，それが事実と合致することが確認された場合），その科学的な探究はひとまず停止することになる。

2.　探究の 4 つの方法

　　　　　われわれが常に何らかの探求を行う存在であることを述べた。それは，科学的な探求のように，まさに探求という名にふさわしいものから，昼ごはんの選択といった，ごく日常的で，ささやかな探求まで，われわれがつねに行っている精神的な活動である。では，こうした探求において，われわれは疑念から信念へとどのようにして至るのだろうか。パースによれば，探求の方法は，おおむね次の 4 種類に分類できるという[4]。

・固執の方法

　探求の方法として，パースが最初に取り上げるのは，「固執の方法（method of tenacity）」と呼ばれるものである[5]。この探求の特徴を一言でまとめるならば，自己中心的であり，自己の願望にかなえばよいといった基準によって信念が決定され，それに固執する。つまり，ある問題に対する解答として，自分の気に入ったものを取り上げ，その信念を強める助けになりそうなものは強調し，その信念の妨げになるものには背を向けることによって，望ましい目的を達成する手段である。

　自己中心的な信念は，本来，個人的なものであるがゆえに多様であり，その信念に固執する限り，時には憎悪や侮蔑といった信念同士の衝突が避けられない。したがって，個人の心の中だけで信念を作れば，それでよいのではなく，社会の場で共通の信念を作り上げる必要がある場合であれば，固執の方法とはまったく別の方法に頼らざるを得ない。

・権威の方法

　次に，パースは，社会の場で共通の信念を作り上げる方法として，「権威の方法（method of authority）」を取り上げている[6]。この方法は，「固執の方法」とはまったく異なり，集団中心的で，集団の目的にかなうような信念が作り上げられる。たとえば，ある神学的な教義や政治的なイデオロギーを支持し，その普遍性と正当性を維持することが必要な場合などにおいて採用される方法ということになる。もちろん，ここでの信念は決して個人的なものではない。したがって，神学的な教義や政治的なイデオロギーといった社会で共通に保持される信念は，個人の願望にかなうといった基準にゆだねられるのではなく，集団的な判断にゆだねられる。このため，しばしば，国家のような集団は正しい公認のイデオロギーを国民に繰り返し説くだけではなく，公認のイデオロギーに反対する説が流れたり，それが支持されたりする場合，それを阻止するような権力が与えられていることも少なくない。

　パースによれば，この方法は，先ほどの固執の方法に比べると，知的なら

びに道徳的な点ではるかに優れているのだという。たとえば，歴史上，「権威の方法」によって組織された信念体系の存続した期間は非常に長く，かつ安定したものである。実際，エジプトの巨大遺跡やヨーロッパなどで見られる大建造物が作り上げられたのも，この「権威の方法」が共通の信念体系を保持し続けた期間に他ならないのである。

　ただし，この権威による方法といえども，不完全さをもっている。というのも，あらゆる問題について意見を統制することは実際上，難しいからである。したがって，統制できるのは，もっとも重要な問題に限られており，その他の問題については，人々の精神は自然の成り行きにゆだねられるほかはない。

　また，「権威の方法」とは，いわば信念の押し付けに過ぎない。もし，幅広い見識を人々が持つならば，国家公認の見解が他の見解よりも優れているとは限らないという疑念が生じることもあるだろう。したがって，人々が互いに意見を交流して，そこから新たな意見を導き出すことができるようになるならば，権威の方法のもつ不完全さは，ますます明白なものになっていく。

・先天的方法

　信念に至る方法として，パースが 3 番目に取り上げるのは，「先天的方法（a priori method）」と呼ばれるものである[7]。その方法の特徴を一言でまとめるのであれば，思弁的な普遍性であり，信念が決定される基準とは，その信念が理性にかなうものなのかどうかということである。この方法では，どのような信念が信じるに値するかが考察され，議論され，そして決定されることになる。さて，この方法には，最初に取り上げた「固執の方法」に共通する部分がある。それは，私たちのもって生まれた好みを何の束縛もなく，おもむくがまま放任するところから探求がスタートするという点である。ただし，先天的方法では，個人の好みに固執するということはない。個人の好みをもとにしながらも，理性の働きによって，人々がお互いに話し合ったり，

さまざまな視点から物事を考察したりしながら，各人の信念が自然の道にさからわずに徐々に発展していくようになるからである。

　パースによれば，この方法は，理性の見地からいって，すでに述べた「固執の方法」や「権威の方法」に比べると，はるかに知的であり，注目に値するものである。また，これまで多くの哲学者たちが，彼らの主要な結論を導き出してきたのも，これと同じような方法によってであるという。だが，この「先天的方法」にも明らかな欠陥があることをパースは指摘する。それは，理性というものが人間のもつ普遍的な判断基準であるとは想定しづらいことにある。実際のところ，この方法は個人の好みの発展のようなものにしか過ぎず，確固とした意見の一致に到達するかどうかは定かではない。たとえば，この方法をとる形而上学者たちは確固とした意見の一致に到達したことがなく，これまで，唯物論と観念論の間を左右に動く振り子のような状態を続けてきたという。

・科学の方法

　先ほどの「先天的方法」において形成される信念は，「権威の方法」のような押し付けではなく，人間が本来的にもつ自然な探究心によって生み出された信念である。また，「固執の方法」とも異なり，個人の信念をかたくなに守り抜こうとするわけでもない。その意味では，自由で開かれた信念の形成を可能にするものである。だが，理性に照らし合わせるといった判断基準は，結局のところ，好みの延長のようなものであり，すべての人々の間で確固とした意見の一致が得られることはない。

　そこで，パースが最後に取り上げるのは，「科学の方法（scientific method）」と呼ばれる方法である[8]。この方法の特徴を一言でまとめるならば，経験的普遍性であり，信念を決定付けるのは，その信念が観察事実や実験結果と一致するかどうかという基準によって判断される。

　この判断基準は，これまで取り上げてきた３つの方法と決定的に異なっている。これまでの３つの方法では，信念の決定は，好みや押し付けや理性と

いった人間的な判断基準にゆだねられてきた。これに対して,「科学の方法」
では,客観的な事実を判断基準にすることによって,「固執の方法」や「先
天的方法」とは異なり,すべての人の結論が究極的には同一のものになると
いう可能性が開かれている。さらに,確固とした意見の一致は,「権威の方
法」のように,決して押し付けられたものでもない。それは,「先天的方法」
と同様,人間が本来的にもつ自然な探究心によって生み出されたものであ
り,また,客観的な事実と合致するという点で,人々によって共通に認めら
れたものでもある。

3. パースと科学の方法

　　　　　　　パースが類型化した探求の4つの方法には,それぞ
れ明らかな優劣がつけられている。「固執の方法」よりも「権威の方法」が
優れており,また,それよりも「先天的方法」がさらに優れ,そして,「科
学の方法」は最も優れたものと位置付けられている。ここには,個人的で閉
ざされた信念から,多数の人々が意見を交流しあうことによって,最終的に
すべての人々が共有できる開かれた信念へと向かう道筋が明確にうかがえ
る。

　さて,パースがもっとも重きを置く「科学の方法」は,まさに,このすべ
ての人々が共有できる信念なのであるが,この方法がすべての面で優れてい
るとはいい切れない。パースもそれを理解していて,他の3つの方法にも,
それぞれ利点があることをあらためて述べている。

　たとえば,もっとも下位の探求方法と位置付けられる「固執の方法」にも
大きな利点がある。パースによれば,すべての方法の中で,もっとも手軽
で,もっともすばやい決断が下せるような方法がこれである。だとすれば,
この方法は,最初に取り上げた「昼ごはんを何にすべきか」といったごく日
常的な疑念に対して,個人的に満足できる決定を簡便にすばやく与えてくれ
る方法でもあるだろう。昼ごはんに何を選ぶのかを決定付けるのは,さしあ

たり，「自分が食べたいものを食べる」といった基準でしかない。また，人々の信念が同一のものになる必要性もないだろう。したがって，結果的に自分の願望を充足すればよいだけなのであれば，この方法を選択することにまったく問題はない。そして，他の方法にも，こういった利点は存在するはずである。しかしながら，「科学の方法」という探索方法が優れていることをパースが強く主張していることに変わりはないのである。では，なぜ，彼は「科学の方法」にこだわるのだろうか。

　その理由は，この方法が「概念」（ここでは，物事の本質的で普遍的な特徴といった哲学用語として用いている）を明晰なものにするという目的にもっとも合致するからである。ところで，パースの述べる4つの探求方法は，ヨーロッパにおける社会思想史の変遷をモチーフにしていることが明らかにうかがえる。実際，パース自身，別の論文で，「権威の方法」がカトリック教会による教義の保持を指していることと，「先天的方法」がデカルトの懐疑主義による思想的な改革を指していることを明らかにしている[9]。つまるところ，哲学史家でもあった彼にとって，「権威の方法」も「先天的方法」も，確固とした事物の本質へとたどり着けるような方法であるとは思えなかったのである。さらに，彼は物理学や化学の分野でも多くの業績を残した現役の科学者でもあり，「科学の方法」とは，彼自身が身近に接している世界であった。そこでは，多くの人々の交流による自由で開かれた活動が，1つの確固たる信念へと収束していく可能性が現実的に存在していたのである。

　たとえば，ニュートンの重力理論のような科学的な法則を取り上げてみよう。たしかに，パースの時代では，ニュートンの重力理論は疑うことのできないような真理であっただろうし，すべての人々が共有できる信念であったという意味で，明晰な概念である。そして，ニュートンの重力理論がすべての人々に共有される信念になったのは，権威による押し付けによるものでもなければ，理性にかなう信念であったからでもない。それは，何よりもニュートンの重力理論が観察事実とよく合致していたからに他ならない。

さて，こうしたパースの主張の基盤となっているのは，ニュートンの理論が指し示すような概念（この場合は，重力）が実際に存在するという考え方である。彼は自らの主張の前提となった仮説を次のように述べている。

「実在の事物があり，その性質はわたしたちの意見にまったく依存しない。その実在物は，規則正しい法則にしたがってわたしたちの感覚器官に作用をおよぼす。その結果生じる感覚は，わたしたちと対象との関係に応じて異なるが，わたしたちは，知覚の法則を用いて，事物の本当の姿はどうであるかということを推論によって確かめることができる。そして，だれでも，その事物について十分な経験をもち，またそれについて十分に考えを練るならば，ひとつの真なる結論に到達するだろう」[10]

パースによれば，概念とは，われわれの思考の中に存在するようなものではない。われわれの意見がどのようなものであれ，われわれの意見とは完全に独立して存在する実在物である。そして，この概念という事物の本当の姿（実在）は，これまで見てきたように，理性や直感といった人間的なものによって到達することは難しい。それは，十分な経験（つまり，観察事実や実験結果）と十分な考え，彼によれば，推論によって確かめることができるのだという。

だが，観察事実や実験結果に基づいていたとしても，われわれの意見というものは，その立場によって異なる場合が存在し，時には，自分の意見の誤りすら素直に認めることが困難な場合もある。だとすれば，そう簡単にわれわれが確固たる意見の一致に至ることはないのではないか。そう考えたとしても不思議はない。さらに，われわれが事物の真なる姿に到達できるという主張についても，同様に反論が考えられる。なぜならば，ニュートンの重力理論のように，何世紀にもわたって真理だと見なされた概念でさえ，アインシュタインの重力理論に取って代わられた例もあるからである。さらに，アインシュタインの重力理論が別の理論に取って代わられることもまた考えられる。だとすれば，これらの理論は事物の本当の姿（実在）ではなく，われわれの思考の中に存在する1つの仮説にしか過ぎないのではないか。つま

り，われわれが到達できるのは，観察事実や実験結果をうまく説明付けてくれるような仮説であって，それが本当に実在物なのかどうかについては決してわからないのである。そこで，パースは実在という概念について，表現を変え，次のように述べている。

　「ところでこの「実在的」ということばは何を意味するのだろうか。わたしたちが「実在的なもの」という概念を初めてもつようになったのは，非実在的なもの，つまり妄想が存在することを発見したときであり，わたしたちが自らの誤りを訂正したときである。そしてその際，各人の特殊な事情によって異なるような不安定な存在と，おちつくべきところにおちついた存在とのあいだの区別が必要となってくる。こうして実在的なものとは，知識や推論がおそかれ早かれ最終的におちつく先であり，わたしやあなたの気まぐれに支配されないようなものである。実在概念のこのような成立事情からして，実在概念が本質的に社会集団の概念をふくんでいることは明らかである。そしてこの社会集団は新しい知識を受け入れるということにかんしては大いに開放的なのである」[11]

　彼が述べるように，各人の意見が一致するまでには，ともすれば非常に長い期間がかかるかもしれない。しかしながら，十分な経験と十分な考えを重ねることによって，最終的には安定した状態へと落ち着いてゆくだろう。そして，実在とは，このように，人々の知識や経験が最終的に落ち着く先なのである。もちろん，この落ち着く先は，「固執の方法」のように，個人的な判断にとどまるものであってはならない。それは，単なる独断であることが否定できないからである。また，「権威の方法」のように，あらかじめ落ち着く先が強制されたものではあってはならない。それは，ある意見が押し付けられただけの話であり，たとえ多くの人々に受け入れられている見解であったとしても，それが事物の本当の姿であるかどうかはまったくわからないからである。また，「先見的方法」では，多くの人々によって，自由にかつ開放的に意見の交流はなされるのであるが，理性という基準は，われわれが思うほど普遍的なものでもなさそうである。したがって，この「先見的方

法」では，確固たる意見の一致にたどり着けるという保証もないし，現実に
は，意見の相違が繰り返されるだけのことである。つまるところ，事実と合
致しているかどうかという「科学の方法」の判断基準のみが，多くの人々に
よって，自由かつ開放的に意見の交流が行われ，なおかつ，確固たる意見の
一致をもたらす可能性を秘めている。そして，事実と合致するという点で，
多くの人々の意見が一致するとき，その概念は真なるものとして，ひとまず
は捉えることができるのである。

II. パースの論理学

1. 推論とは何か

　　　　　　　　　論理学が研究対象とする「論理」（推論もしくは論証）
とは，それが本来的に人間のもつ思考の法則を忠実に反映したものであれ，
人間が本来もつ思考の法則とは無関係に作られた単なる便宜的な規則であ
れ，それは，前提から出発し，結論へと到着するための決まりごとに他なら
ない。パースは推論について，次のように述べている。

　「推論というものは，既知の事実を考慮することによって，未知の事実を
発見することを目的としている。したがって，推論は，真なる前提から出発
して真なる結論に到達するかぎり，よい推論である」[12]

　彼の見解をより理解しやすいものにするために，素朴な例を取り上げてみ
ることにしよう。いま仮に，ある漁師が海面上に海鳥が群れていることを見
て，魚の群れがそこにいると考えたとする。「海鳥が群れている」というこ
とは既知の事実であり，それが事実である以上，これは真なる前提である。
これに対して，「魚の群れがいる」ということは，まだ実際に確かめていな
い以上，それは真であるかどうか，まだわからない未知の事実である。

　パースのいう「推論」が，「既知の事実を考慮することによって，未知の

事実を発見することを目的とする」以上，この例は推論という名にふさわしい考察ということになる。そして，この推論がよい推論なのかどうかといえば，それは，海鳥が群れているときには，いつでも，実際に魚の群れがそこにいるかどうかにかかわっている。そこで，もし，未知の事実（魚の群れがいる）の裏づけが実際に取れたのであれば，真なる前提（海鳥が群れている）から出発して，真なる結論（魚の群れがいる）に到達したという点で，まさに，これはよい推論ということになる。

2. 推論の形式と内容

　　　　　パースの論理学は，われわれが手にする現在の論理学の教科書とは異なっている。ここでは，パースの論理学と現代の論理学との相違点について議論することにしたい。

　パースのいう「よい（good）推論」という表現は少しあいまいに思えるかもしれない。現代の論理学の教科書でも，よい推論や悪い推論といった表現は見かけない。もし，推論を大きく区分けするならば，それは妥当な（valid）推論か非妥当な（invalid）推論かということになる。ちなみに，現代の論理学において妥当な推論とは，前提が正しければ必ず結論も正しくなるという推論を指している。妥当な推論形式の代表例として挙げられるのは，妥当な演繹法である。これに対して，妥当でない推論とは，前提が正しくても正しい結論が導き出されるとは限らないような推論を指している。妥当でない推論の代表例として挙げられるのは，帰納法である。

　パースも推論の妥当性について，次のように述べており，この定義は，現代の論理学における論理の妥当性の定義とおおむね同様のものに思える。

　「真なる結論を生み出すようなものならば，その推論は妥当であり，そうでなければ妥当でない」[13]

　ただし，パースのいう論理の妥当性と現代の論理学でいう妥当性が同一のものかといえば，実はそうではない。現代の論理学でいうところの推論の妥

当性とパースのいう論理の妥当性には明確な相違点が存在する。それは，現代の論理学でいうところの推論の妥当性というのは，推論の「形式」にかかわる問題であって，推論の「内容」の正しさ，つまり，それが事実と合致するかどうかにはかかわらないという点である。たとえば，次のような推論（論証）を取り上げてみることにしよう。これは，論理学の教科書では，妥当と見なされる推論の例である。ここでは，ひとまずのところ，推論の「形式」だけを注目するために，具体的な「内容」をもたない A や B などの記号を用いることにしたい。

（1．妥当な演繹法の例）
前提1　A ならば B
前提2　A
結　論　B

　この推論では，「A ならば B」という前提と「A」という前提から，「B」という結論が導き出されている。そして，これら2つの前提が正しいのであれば，「B」という結論も間違いなく正しいことになる。というのも，A や B といった記号が何を指し示すかにかかわらず，もし，「A ならば B」であり，なおかつ「A」であれば，必然的に「B」という結論が導き出せるからである。そして，この場合の結論の正しさは，推論の内容にはまったくかかわっていない。なぜならば，A や B といった記号が何を指し示すのかはまったく述べられておらず，これらは具体的な内容を全くもたない単なる記号でしかないからである。では，何がこの結論の正しさを保証しているのであろうか。それは，推論の「形式」である。妥当な演繹法では，前提の内容がどうであれ，前提から結論が必然的に導き出される形式になっている。したがって，前提が正しければ，必ず結論も正しくなるという特徴をもっているのである。
　パースの場合にも，真なる前提から出発して，真なる結論に到達するよう

な推論は，よい推論，つまり，妥当な推論である。だが，一般の論理学とは異なり，彼のいう推論の妥当性は形式にかかわる問題ではない。パースは妥当な論理とはどのようなものかについて，先ほどの叙述の直後に，次のように述べている。

　「要するに，推論の妥当性の問題は，まったく事実に関する問題であり，単なる思考に関する問題ではない。

　かりに，前提に述べられた事実をＡ，結論に述べられた事実をＢとするとき，Ａが存在すればつねにＢが存在するといった関係がＡとＢとのあいだに実際に成立するか否かが問題なのである。もしそうした関係が成立すればその推論は妥当であり，成立しなければ妥当でない」[14]

　パースは推論の妥当性がまったく事実に関する問題だと明言している。つまり，推論の妥当性とは，その内容の正しさ（事実に合致するかどうか）に全面的にかかわる問題なのである。だとすれば，パースのいう推論の妥当性の判断基準は，論理学の教科書的な判断基準とは，明らかに異なるものだといえる。先に述べたとおり，一般に，論理学でいうところの妥当な推論というのは，推論の「形式」にかかわる問題であって，推論の「内容」の正しさには直接かかわっていないからである。

3.　暗黙的な推論

　　　　　パースのいう論理の妥当性は，推論の内容の正しさ（つまり，事実と合致しているかどうか）に直接依存している。では，パースのいう妥当な推論とは，論理学が一般にいうところの「妥当性」の基準がより厳しいものになっただけのものなのだろうか。つまり，推論形式の妥当性に加えて，その内容の正しさを加味することによって，一般に論理学で妥当とされている推論の一部は，パースのいう妥当な推論に当てはまらない場合が生じてしまう（言葉を変えれば，パースのいう妥当な推論は，論理学で妥当とされている推論にすべて当てはまる）だけの話だと考えてよいのだろうか。実は，そうで

もない。一言でいえば，推論形式に関する妥当性の基準は，一般の論理学よりもパースの論理学のほうがかなり寛容だといえる。つまり，一般に論理学では妥当な推論とは認めていないような推論でさえ，パースのいう妥当な推論に相当する場合が存在する。

　1つの例として，最初に取り上げた漁師の推論をもう一度振り返ってみることにしよう。ある漁師が海面上に海鳥が群れていることを見て，魚の群れがそこにいると考えたとする。海鳥の群れを目撃したことがまぎれもない事実であれば，これは真なる前提である。これに対して，「魚の群れがいる」ということは，まだ実際に確かめていない以上，それが真であるかどうかはまだわからない未知の事実である。そして，「推論というものが，既知の事実を考慮することによって，未知の事実を発見することを目的とする」以上，これはまさに推論ということになる。また，「推論が，真なる前提から出発して真なる結論に到達するかぎり，よい推論である」以上，この推論はよい推論になる資格をもっているはずだ。さて，漁師が「海鳥が群れている」ことを見て，「魚の群れがいる」と考えたことをそのまま書き表した場合，その推論は次のようなものになるはずである。

（2．明示化されている推論部分）
　　前提　海鳥が群れている（A）
　　結論　魚の群れがいる（B）

　まずは，この推論形式に注目することにしよう。そこで，先ほどと同様，内容をともなわないAやBという記号で書かれた推論（括弧でかこまれた部分）だけを当面検討することにしたい。この推論では，Aという前提からBという結論が導き出されている。これは，論理学でいうところの妥当な推論形式では決してない。もし，Aという前提からBという結論が導き出せるのであれば，AやBに好き勝手な内容を当てはめることができるわけだから，どのような命題でも，好き放題に導き出せることになる。

ここで述べたいことは，到底妥当とは思えない推論形式をパースが許容している
ているということではなく，日常的な推論において，Ａが存在すればつね
にＢが存在するという関係がつねに明示化されているとは限らず，暗黙的
な形で存在することをわれわれが了解している場合があるという点である。

　下記の例は，Ａという事実とＢという事実との関係を明示化させたもの
である。『海鳥が群れているならば，魚の群れがいる（ＡならばB)』という二
重括弧で囲まれた前提２は，暗黙的な前提部分を示している。たしかに，先
ほどの「海鳥が群れている」ことを見て，「魚の群れがいる」と考えたこと
だけをとらえた推論例（3. 明示化されている推論部分）は，一般的な論理学の
見地からすれば，妥当な推論ではない。これに対して，この例は妥当な推論
形式で表現されている以上，論理学の教科書的に見ても妥当な推論である。

（3. 暗黙的な部分を含む推論）
　前提１　海鳥が群れている（A）
　前提２　『海鳥が群れているならば，魚の群れがいる（ＡならばB)』
　結　論　魚の群れがいる（B）

　この例のように，推論における暗黙的な部分を意図的に明示化するような
操作については，反論があるかもしれない。たとえば，本来，論理的ではな
いような思考の流れを妥当な推論形式に無理やり仕立て直したものではない
かといった議論である。だが，そのように捉えるべきではない。

　論理学の教科書に出てくるような推論では，通常，結論を導くために必要
な前提がすべて盛り込まれている。これに対して，日常的な論理では，前提
と結論のすべてが完全に明示化されるのではなく，省略されることも多い。
たとえば，「ソクラテスは人間である。人間であれば死ぬ。ゆえにソクラテ
スは死ぬ」といった，いわゆる三段論法の定番ともいえる推論は，論理学の
教科書でよく見かけるものであるが，このような教科書的な表現が日常的に
行われることは，むしろまれである。たとえば，「ソクラテスは人間だから

死ぬ」とか「人間であれば死ぬのだから，ソクラテスも死ぬ」のように，前提の一部をあえて暗黙化して表現したり，「ソクラテスは人間だし，人間は死ぬものだからね」といった具合に結論をあえて暗黙化して表現したりする場合は多いのではなかろうか[15]。そして，これらの表現はあえて明示化しなくても容易に推測できる前提や結論が省略されている事例と見なすべきであり，それを非論理的なたわごとと見なすほうが難しい。

　もちろん，パースもこのことをよく理解しており，「もし，推論をおこなう者が，自分のおこなう推論の指導原理が何であるかを，おぼろげながらでも意識しているのであれば，彼の推論は論理的な推論とよぶべきであろう」[16]と述べている。だとすれば，先ほどのソクラテスの三段論法のうちの一部が省略された例などは，容易に推測できるような前提や結論だけが暗黙化されているという点で，まぎれもなく論理的な推論と呼ぶことができる。そして，たとえ，おぼろげであったとしても，ある種の形式を想定しうる程度の推論までもが，彼のいう論理的な推論であるならば，推論の暗黙化がさらに広範囲におよんだとしても決して不思議ではない。

［注］
1)　（米盛　1981）p. i
2)　（パース　1968）p. 61, p.81
3)　（パース　1968）p. 82
4)　（パース　1968）pp. 63-75
5)　（パース　1968）pp. 63-65
6)　（パース　1968）pp. 65-68
7)　（パース　1968）pp. 68-70
8)　（パース　1968）pp. 70-72
9)　（パース　1968）p. 77
10)　（パース　1968）pp. 70-71
11)　（パース　1968）pp. 162-163

12) （パース　1968）p. 57
13) （パース　1968）p. 58
14) （パース　1968）p. 57
15) 　　これらの例は次のように表現できるだろう。括弧（『　』）で囲まれてい
　　る部分は暗黙的な前提もしくは暗黙的な結論である。
　　①「ソクラテスは人間だから死ぬ」の場合
　　　前提1　ソクラテスは人間である。
　　　前提2　『人間であれば死ぬ』
　　　結　論　ソクラテスは死ぬ
　　②「人間であれば死ぬのだから，ソクラテスも死ぬ」の場合
　　　前提1　『ソクラテスは人間である。』
　　　前提2　人間であれば死ぬ
　　　結　論　ソクラテスは死ぬ
　　③「ソクラテスは人間だし，人間は死ぬものだからね」の場合
　　　前提1　ソクラテスは人間である。
　　　前提2　人間であれば死ぬ
　　　結　論　『ソクラテスは死ぬ』
16) （パース　1968）p. 250

第5章

アブダクションの論理

The Logic of Abduction

I. アブダクションという 推論のもつ特徴

1. 仮説構築の論理としてのアブダクション

　　　　本章では，パースによって提唱されたアブダクショ
ン（abduction）[1] という推論について考察を行う。パースによると，アブダク
ションとは，演繹法（deduction），帰納法（induction）と並ぶ推論の基本的な
形式の１つであり，また，科学の方法（scientific method）において，仮説構
築の段階を担当する論理として位置付けられている。

　アブダクションという推論のもつ特徴を理解するためには，その実例から
入るのがもっとも手軽であるように思われる。パースもまた，アブダクショ
ンの実例を数多く取り上げて，この興味深い推論の特徴について説明してい
る。まずは，次の３つの例について，考えてみることにしたい。

(1)　「わたしがトルコのある地方の港町で船から降りて，訪ねようとした
　　　家のほうへ歩いていると，馬に乗ったひとりの人物の頭上を４人もの騎
　　　手が天蓋で蔽いながら通り過ぎて行くのに出会ったことがある。そこ

で，わたしは，これほど重んじられた人となると，この地方の知事のほかには考えられないので，その人は，きっとこの地方の知事に違いないと推論した。これは1つの仮説である」

(2) 「化石が発見される。それは，たとえば魚の化石のようなもので，しかも陸地のずっと内側で見つかったとしよう。この現象を説明するために，われわれは，この一帯の陸地がかつて海であったに違いないと考える。これも，1つの仮説である」

(3) 「無数の文書や遺跡がナポレオン・ボナパルトという名前の支配者に関連している。われわれは，その人を見たことはない。だが，その人物が実在の人であったと考えなければ，われわれが見たもの，つまり，それらすべての文書や遺跡を説明付けることはできない。これもまた仮説である」[2]

　パースが取り上げるアブダクションの例の中でも，これらの例は，状況設定が非常に具体的でわかりやすく，われわれが日常的に行うような推測が取り上げられている。そして，これらの例に共通する重要な特徴とは，ある前提となる観察事実をきっかけにして，結果的に，その事実を説明付けるような仮説（hypothesis）が結論として導き出されているという点である。このアブダクションという推論のもつ特徴をさらに詳細に述べるならば，次の3点になるだろう。

(I)　アブダクションによる推測は，観察事実そのものやその単なる集積ではなく，観察事実が生じる理由を説明付けるものである。

　アブダクションによって導き出された推測（結論）は，観察事実そのものやその単なる集積ではなく，観察事実が生じる理由を説明付けるものである。たとえば，1番目の例では，「ある人が非常に重んじられている」という観察事実から，「その人はこの地方の知事に違いない」という推測（結論）が導き出されている。同様に，2番目の例では，「陸地のずっと内

側で魚の化石が発見される」という観察事実から，「この一帯の陸地はかつて海であった」という推測が導き出されている。そして，3番目の例では，「ナポレオンに関連する多数の文書や遺跡が存在する」という観察事実から「かれは実在の人物であった」という推測が導き出されている。このように，いずれの推測も，その前提となる観察事実から導き出された結論ではある。だが，これらの仮説の内容は，観察事実そのものでもなければ，その集積でもない。いずれも，観察事実がなぜ生じるのかという疑念に対する答えとなるような内容をもっている。

(2)　アブダクションによる推測は，そもそも真偽不明のものであり，事実と異なる場合が存在する。

　　次に，アブダクションによって導き出された推測（結論）は，必ずしも正しいものとは限らない。この点で，帰納法と同様に，アブダクションは非妥当な推論のカテゴリーに属している。たとえば，1番目の例の「その人はこの地方の知事に違いない」という推測は，実際に事実を確かめたところ，単なる思い込みにしか過ぎず，その人が「この国の大臣」であったり「別の国からの来賓」であったりという理由で，非常に重んじられていた場合も十分考えられる。2番目の例も同様である。「陸地のずっと内側で魚の化石が発見される」理由は，「この一帯の陸地はかつて海であった」だけとは限らない。この一帯の地形は今も昔も変わることはなく，「内陸部で暮らしていたわれわれの祖先が海でとらえた魚を自分のすみかまで運んだ」ためなのかもしれない。

(3)　アブダクションによる推測の中には，その正しさを直接的に検証もしくは反証できないものが存在する。

　　さらに，アブダクションによって導き出された推測（結論）の中には，その仮説が生み出された時点では，観察事実によって直接的に，その正しさを確かめることが不可能な仮説がしばしば存在する。たとえば，2番目の例の「この一帯の陸地はかつて海であった」という仮説は，われわれが時間をさかのぼれない以上，直接的な観察事実によって，その正しさを確

かめることが不可能な仮説である。同じく，3番目の「その人物（ナポレオン）は実在の人であった」という仮説もまた直接的に確かめることは不可能である。

このように，アブダクションによって導き出された推測（結論）は，観察事実の単なる集積ではなく，観察事実が生じる理由や原因を説明付けるものである。また，その推測は基本的には真偽不明な説明付けであり，さらに，その推測が導き出された時点では，その正しさを直接的に確かめることが不可能な場合も決して少なくはないのである。そして，アブダクションによって導き出された推測（結論）のもつこれらの特徴は，これまで本書で議論してきた科学的な仮説のもつ重要な特徴と一致する。だとすれば，アブダクションという推論は，まさに仮説構築の論理に他ならないといえるだろう。

2. 枚挙的な帰納法とアブダクションの相違点

アブダクションという推論の特徴をさらに明確なものにするため，帰納法とアブダクションとの違いについて，少し触れておくほうがいいだろう。アブダクションと同様，前提が正しくても結論が正しいとは限らない非妥当な推論形式としては，枚挙的な帰納法が知られている。この帰納法とアブダクションとの相違点は明らかである。

枚挙的な帰納法から導き出される結論は，観察事実そのものやその単なる集積にしか過ぎない。たとえば，「ある夏の暑い日に，ビールがとてもよく売れた」という事実と，「気温が高い別の日にも，ビールがよく売れた」という事実があったとしよう。ここから枚挙的な帰納法によって導き出される結論とは，「気温が高い日には，ビールがよく売れる」といったものである。この結論の内容は，まさに観察事実の集積にしか過ぎない。そして，少なくとも，この結論の内容は，アブダクションとはまったく異なり，「なぜ，暑い日にはビールがよく売れるのか」といった疑念から生じたものでも

なければ，その疑念を説明付けようとするものでもないのである。

　つまるところ，枚挙的な帰納法には，「陸地のずっと内側で魚の化石が発見される」といった一見不思議に思えるような事実がなぜ生じるのかを積極的に問いかけるような思考のはたらきに欠けている。このような点で，アブダクションという推論から導き出される結論は，枚挙的な帰納法とは違って，受動的に取りまとめられた観察事実の集積などでは決してない。表現を変えるならば，アブダクションとは，たとえ観察事実がたった1つしか存在しなかったとしても，その観察事実が疑念を生じさせるに十分なものであるならば，その生み出された疑念をなんとか解決しようとする積極的な思考の働きがたしかに存在するような推論である。これに対して，枚挙的な帰納法とは，さながら，いかなる事前的な知識ももたないような無垢な知性によって，複数の観察事実をただ単純に取りまとめることによって，素直に結論を導き出すようなタイプの推論だといえる。

II.　アブダクションの推論形式

1.　後件肯定の演繹法としてのアブダクション

　　　　　　前節で見たように，アブダクションという推論は，ある観察事実を前提にして，その観察事実が生じる理由を説明付けるような仮説を導き出すという特徴をもっている。ここでは，アブダクションという推論の形式について考えることにしたい。

　パースは，アブダクションを「後件から前件への推論とよぶこともできよう」と述べている[3]。これは，後件肯定の演繹法と呼ばれる非妥当な推論形式を指しており，仮に前提が正しい（事実と合致する）のだとしても，結論が正しいとはいえない場合が存在するような推論である。たとえば，次の例を見てみよう。

（1．後件肯定の演繹法）
　　前提１　良薬，口に苦し（AならばB）
　　前提２　苦い味がする（B）
　　結　論　良薬である（A）

　前提１は「良薬，口に苦し（良薬であれば、苦い味がする）」ということわざである。このことわざを知らない人などいないだろう。その点で，だれもが持ち合わせている知識だといえる。そして，前提２は観察事実に他ならない。たとえば，医者からもらった薬を飲んだところ，とても苦かったとしよう。このとき，「こんなに苦いのだから，これはよく効く薬（良薬）に違いない」と結論付けたのであれば，それは後件肯定の演繹法による推測を行ったことになる。ただし，後件肯定の演繹法による推測は，先ほども述べたように，前提が100％正しいとしても，結論が正しいとは限らないという特徴をもっている。

　いま仮に，良薬が苦いという性質を必ずもっており，それは100％事実と合致する正しい前提であったとする。このような状況において，もし，ある薬が苦かったとしても，それを良薬だと決めつけるのは正しくない。なぜならば，良薬ではない薬もまた苦いという性質をもつ場合もあるからである。そして，このことは「良薬，口に苦し」という前提と矛盾するわけではない。この前提は，あくまでも良薬のもつ性質について述べたものであり，良薬ではない薬のもつ性質については何も語ってはいないからである。

　ともあれ，仮説というものが絶対的に正しい説明付けではなく，誤った説明付けという可能性をもつ点においては，この後件肯定の演繹法という推論形式は，仮説構築の論理としての特徴の１つを備えているといえる。では，後件肯定の演繹法がアブダクションそのものなのかと問われれば，それは，少し違うのではないかと答えざるをえない。というのも，現実に行われるアブダクションにおいては，（いわゆる論理学の教科書で見られるように）前提１と前提２をすべて明示化したうえで，結論が導き出されているとは思えないか

らである。

　前節で取り上げたアブダクションの3つの例を振り返ってみよう。たとえば，2番目の例では，ある人が，「陸地のずっと内側で魚の化石が発見される」という，一見したところ不思議に思える事実（前提）に直面し，その理由を考察することによって，「この一帯の陸地はかつて海であったに違いない」という説明付け（結論）が導き出されている。こうした思考の流れをそのまま推論形式として表現するならば，次のような形になるはずである。

（2．アブダクションの推論形式 1）

　　前提1　陸地のずっと内側で魚の化石が発見される（A）
　　結　論　この一帯の陸地はかつて海であった（B）

　この例では，Aという前提からBという，まったく内容の異なった結論が導き出されている。もし，Aという前提から，まったく異なったBという結論が導き出せるのであれば，AやBに好き勝手な内容を当てはめることができるわけだから，どのような命題でも，好き放題に導き出せることになる。これは，少なくとも論理学の教科書でいうところの妥当な推論形式では決してない。むしろ，このようなランダムな思考の流れは，推論形式だけを見る限り，推論という名に値するのかどうかさえ疑わしい。

　次に，この例を先ほどの後件肯定の演繹法の推論形式に当てはめてみるならば，以下のような形になるだろう。

（3．アブダクションの推論形式 2）

　　前提1　陸地のずっと内側で魚の化石が発見される（A）
　　前提2　この一帯の陸地がかつて海であったとしたら，
　　　　　　陸地のずっと内側で魚の化石が発見される（BならばA）
　　結　論　この一帯の陸地はかつて海であった（B）

この推論形式は後件肯定の演繹法であり，間違った結論を導き出す可能性があるという点においては，アブダクションと同じ特徴をもっている。だが少なくとも，この推論は気まぐれな結論をランダムに吐き散らすようなものではない。なぜならば，この後件肯定の演繹法では，結論（B）を導き出すための材料は，その前提（A，BならばA）において，すでに与えられているからである。

2. 形式化できない推論としてのアブダクション

　　　　　　　ここでの重要な問題は，われわれが，論理学の教科書にあるように，前提1と前提2をあらかじめ明確に与えられたうえで，結論を導き出しているのかという疑問である。前提1の「陸地のずっと内側で魚の化石が発見される（A）」は観察事実であり，この観察事実は，たしかに，あらかじめ明確に与えられた前提である。

　ただし，前提2の「この一帯の陸地がかつて海であったとしたら，陸地のずっと内側で魚の化石が発見される（BならばA）」は，少なくとも観察事実ではない。この前提は，その推論を行った人のもつ知識（科学的な知識や常識や思い込みなど）の1つというべきものだろう。その意味では，その人があらかじめもっている知識と観察事実によって，結論が導き出されたと考えられる。しかしながら，結論を導き出すうえで，その人のもつ知識のうちの1つが前提として利用されたのだとしても，その特定の知識が，論理学の教科書のように，あらかじめ都合よく与えられていたとは到底思えないのである。

　われわれがもっている知識の量は膨大なものである。もし，その膨大な知識の中から，ある観察事実を説明付けるような知識があらかじめ用意されているのではないとしたら，どのようにして，われわれは特定の知識にうまく（すばやくかつ正確に）たどり着けるのだろうか。ある特定の知識をうまく引き出すような頭脳のメカニズムについて，われわれは解明できているわけではない。

また，われわれのもつ知識が膨大である以上，「陸地のずっと内側で魚の
化石が発見される」といった観察事実の説明づけは1つだけだとは限らな
い。たとえば，「この一帯の陸地がかつて海であった」のではなく，実は
「魚を食べる動物が内陸のずっと奥地まで運んだ」のかもしれない。そし
て，説明付けが1つだけでないとすれば，いくつもの説明付けから，その1
つを選択する必要もあるだろう。こうして考えてみると，アブダクションと
いう推論は，実際のところかなり複雑で，場合によっては複数の推論から成
り立っていることも考えられる。

どうやら，パースはアブダクションという推論がもともと形式化できない
ものととらえていたようである。上山は，パースのいうアブダクションの過
程を次のように要約するとともに，その過程が形式化できないものだと，
パースが述べていたことを指摘している。

「《アブダクション》は，探究の第一段階であり，仮説形成（新しい理論の発
見，新しい着想）の過程である。

　この過程は，（一）現象の観察を起点とし，（二）仮説の発見をへて，（三）
仮説の定立におわる（この過程は形式化できない。そうした推論過程をパースは "Ar-
gument" とよび，形式化のできる "Argumentation" と区別する）」[4]

さらに，上山は，アブダクションという推論において，仮説というものが
突然のように導き出されるとパースが考えていたことを述べている。

「（一）あらゆる研究は，不可解な現象を，いろいろな側面から観察し，考
察することからはじまる。その目標はこうした現象の謎をとくための説明も
しくは仮説を見つけることである。（二）われわれは，観察をかさねるうち
に，そうした仮説を突然思いつく。（三）しかし，この仮説のうけいれ方に
は，たぶんこんなことではなかろうかといったはなはだ消極的な態度から，
どうしてもそれを信じないではいられないといったきわめて積極的な態度に
至るまで，無数の段階がある。ともかくどんな仕方にしろ，仮説をうけいれ
る段階で《アブダクション》の過程は終了する」[5]

このように，仮説が導き出されるその瞬間においての，アブダクションの推論形式を明確化することは非常に難しい。われわれが観察事実から突然のように仮説を思い付くのであれば，なおさらのことである。これでは，観察事実だけから導き出された純粋な飛躍としかいいようがないのかもしれない。

　だが，その反面，仮説を導き出すうえで，前提となるのは，観察事実だけでないことも確かである。それは，後付けの講釈のようなものかもしれないが，「かつて海であった場所ならば，そこから魚の化石が発見されることがある」といった前提となる知識が存在しない限り，結論（仮説）を導き出すことなど不可能と思われるからである。ともあれ，仮説が導き出されるような推論のプロセスが明確なものでない以上，アブダクションの推論形式とは，次のようなものとして表現せざるをえない。

（4．アブダクションの推論形式3）
　　前提1　陸地のずっと内側で魚の化石が発見される（A）
　　前提2　『この一帯の陸地がかつて海であったとしたら，
　　　　　　陸地のずっと内側で魚の化石が発見される（BならばA）』
　　結　論　この一帯の陸地はかつて海であった（B）

　この推論形式では，明示化されている前提は，観察事実である前提1のみである。われわれが突然のように仮説を思い付くとき，明確に意識されている前提とは，この観察事実だけだからである。だが，われわれが結論を導き出すために必要だと思われる前提は，この観察事実だけではない。われわれがすでにもっている何らかの既存知識が必要になるはずである。したがって，その知識は明確に意識されたものではないにしろ，それが存在しなかったというわけではない。少なくとも事後的に見て，その前提となる知識は，仮説を生み出すために使われたと考えられる。つまり，その知識は，仮説を導き出した瞬間においては明確に意識されないという意味で，暗黙的な前提

として存在するといっていいだろう。

　このように，アブダクションという推論の局面において，前提の片方の観察事実が意識されているとしても，前提のもう一方である既存知識は明確に意識されているとはいえない。したがって，この推論は，推論を行う当人にとって，十分な根拠をもたない推測に他ならないのである。

　仮にこの一帯の陸地はかつて海であったという根拠を人から問われた場合，この推測を行った人物はどう返答するのだろうか。もし，この一帯がかつて海であったことにまったく確信がもてない場合には，たぶん，その人物は「直感です」としか答えようがないのではなかろうか。仮説を導き出す根拠が意識できないのであればそれは論理ではなく，あくまでも単なる思い付き（直感）に他ならないのである。

　以上述べたように，アブダクションの推論形式について，パースが「後件から前件への推論とよぶこともできよう」といった微妙な表現を使っているのは，われわれがある特定の仮説を導き出すその瞬間において，仮説の前提となる知識が必ずしも明確に意識されないという理由によるものだと思われる。上記のアブダクションの推論形式2において，二重括弧（『　』）で囲まれた部分は，アブダクションという論理の暗黙的な推論部分を示すものである。

III. 科学的な探求の論理

1. 仮説を構築する段階

　　　　　パースによれば，探求（inquiry）とは，信念（belief）に到達しようとする努力を指し，この探求という努力は，疑念（doubt）とい

う刺激によって生み出され，信念が得られたときに停止する。そして，この信念の形成へと至る探求こそが，思考の唯一の機能だという[6]。

これまで述べてきたアブダクションという推論は，パースのいう「探究」という精神的な活動の第1段階に相当するものである。それは，「陸地のずっと内側であるにも関わらず，なぜ魚の化石が発見されるのか」といった疑念からスタートし，その疑念を説明付けるような仮説，つまり，「この一帯の陸地がかつて海であった」という信念に到達している。では，この探究は，ここでめでたく終了するのだろうか。彼のいう「科学の方法」によれば，これで探究が終わるわけではない。探究はまだまだ続くのである。

パースは，疑念から信念へと至る方法をいくつかに分類しており，その中で，もっとも優れた方法として位置付けられているのが科学の方法である[7]。科学の方法では，観察事実や実験結果と合致するかどうかといった客観的な判断基準によって，信念が決定付けられる。彼によれば，この科学の方法によってのみ，われわれは「事物の真なる姿」へたどり着くことが可能になるのである。

アブダクションという推論から導き出された仮説が，真偽不明なものである以上，それは「事物の真なる姿」であるとは限らない。したがって，科学的な方法における探究の場合には，少なくとも事実と合致するかどうかという客観的な判断基準によって，その正しさを確かめる必要がある。

たとえば，最初に取り上げた例を振り返ってみよう。この例では，トルコのある地方の港町で「ある人が非常に重んじられている」という疑念（事実）から，「その人はこの地方の知事に違いない」という仮説が導き出されている。この仮説は，もちろんのことながら真偽不明であり，裏付けとなる事実によって確かめられたものではない。（程度の差はあるだろうが）信じるに値するといった主観的な判断基準によって，いわば，一時的に受け入れられたものに過ぎない。

実際，この仮説の真偽を確かめたところ，その人は推測通り，この地方の知事だったとしよう。この場合，「その人はこの地方の知事に違いない」と

いう仮説はめでたく検証されたことになる。そして，仮説が検証されることによって，「事物の真なる姿」にたどり着き，ここで「科学の方法」は終了することになる。

　だが，推測通りに行かない場合も当然あるだろう。たとえば，その人はこの地方の知事ではなく，他の国からの来賓だったとしよう。この場合には，「その人はこの地方の知事に違いない」という仮説は，「事物の真なる姿」などではなく，単なる思い込みに過ぎないのである。したがって，アブダクションによって導き出された仮説も真なるものとして受け入れられることはない。だが，真相が明らかにされたことによって，少なくとも当初の疑念は解消され，科学的な方法における探究は，やはり終わりを告げることになる。そして，これらの例の場合の探究プロセスとは，「仮説構築」と「仮説の検証もしくは反証」という 2 段階で構成されることになる。

2. 仮説から検証可能な観察事実を導き出す段階

　　　　　「その人はこの地方の知事に違いない」といった仮説の場合には，その真偽を事実によって確かめることは容易である。たとえば，本人に直接聞いてみるといった単刀直入なやり方を含め，さまざまな手段がある。だが，仮説の中には，観察事実や実験によって直接的に，その正しさを確かめることのできないようなものもしばしば存在する。

　たとえば，先ほどの「この一帯の陸地はかつて海であった」という仮説を取り上げてみよう。この仮説は，われわれが時間をさかのぼれない以上，直接的な観察事実によって，その正しさを確かめることが不可能な仮説である。このように，仮説そのものを直接的に検証することはできない場合には，「仮説から予測される検証可能な観察事実を導き出すような段階」が，「仮説構築」と「仮説検証もしくは反証」のちょうどあいだに追加されることによって，探索プロセスは 3 つの段階から構成されることになる。この段階での推論とは，「仮説がもし正しかったとしたら，どのような事実が観察

できるのか」といった思考の流れである。

　もし，「この一帯の陸地はかつて海であった」という仮説がもし正しいとするならば，「ある特定の魚の化石だけではなく，その他の魚や貝やカニやサンゴなど，海にすむ様々な生物の化石が多く発見される」ことは十分考えられる。いうならば，これは仮説から演繹的に導き出された予言（prediction）である。仮説から検証可能な観察事実を導き出すような思考の流れを表現するならば，次のようなものになるだろう。

（5. 妥当な演繹法）
　前提1　この一帯の陸地はかつて海であった（A）
　前提2　この一帯の陸地がかつて海であったとしたら，
　　　　　この一帯の陸地で海にすむ様々な生物の化石が数多く発見されるはずだ（A ならば B）
　結　論　この一帯の陸地で海にすむ様々な生物の化石が数多く発見される（B）

　この推論形式は，妥当な演繹法である。妥当な演繹法は，前提が正しいのであれば，必ず結論も正しくなるという特徴をもっている。この特徴は，仮説を検証（もしくは反証）するうえで，非常に好ましい特徴だといえる。というのも，妥当な演繹法では，もし結論となる事実（予言）が正しくないとするなら，その前提（のいずれか，もしくは両方）が正しくないことを保証してくれるからである。上記の例（5. 妥当な演繹法）の場合には，予言とは，もちろん，「この一帯の陸地で海にすむ様々な生物の化石が数多く発見される」という結論を指している。

3.　仮説を検証もしくは反証する段階

　　　　前項で述べたように，仮説を直接的に検証もしくは

反証できない場合は決して少なくない。むしろ，仮説が未知の知識を指し示すようなものであればあるほど，観察事実によって直接，その正しさを確かめることが困難になってしまう。そのような場合，仮説から演繹的に導き出された予言を観察事実と照らし合わせることによって，間接的に仮説を検証もしくは反証することが必要になってくる。これは科学の方法の 3 番目の段階ということになる。

たとえば，このあたり一帯の陸地で大がかりな発掘調査を行ったところ，例の魚の化石を除いては海の生物の化石は全く発見されず，その代わりに陸上にすむ生物の化石が（例の魚の化石と同じ地層で）大量に発見されたとする。この場合，「この一帯の陸地はかつて海であった」という仮説はきわめて疑わしいものになってしまう。

これとは正反対に，（例の魚の化石と同じ地層で）陸上の生物の化石は発見されず，その代わりに貝やカニやその他のさまざまな海の生き物の化石が大量に発見されたとする。この場合には，もはや「この一帯の陸地はかつて海であった」という仮説を退けることは難しい。このあたりがもし海でなかったら，なぜ，これほど多様な海の生物の化石が大量に発見されるのかという事実を説明することができないからである。

先に述べたように，「このあたり一帯の陸地が海であった」という事実を直接検証することは，われわれにとってたしかに不可能である。だが，仮説から演繹的に導き出される予言がはたして正しいものなのかどうかを確かめることによって，仮説を間接的に検証もしくは反証することは可能である。パースによると，この仮説検証で用いられる論理が帰納法である。この推論は，たとえば，次のように表現することができるだろう。

（6. 帰納法）
　　前提 1　この一帯の陸地で魚の化石が発見される（A1）
　　前提 2　この一帯の陸地で貝の化石が発見される（A2）
　　前提 3　この一帯の陸地でカニの化石が発見される（A3）

前提 4　この一帯の陸地でサンゴの化石が発見される（A4）
結　論　この一帯の陸地で海にすむ様々な生物の化石が数多く発見される（A）

　以上述べたように，仮説を直接検証もしくは反証できない場合には，科学的な探求のプロセスははっきりと 3 つの段階に区分されることになる。そして，これらの段階において利用される推論は，おのおの次のように異なった形式をもつことになる。

　まず，科学的な探求の最初の段階とは，仮説構築プロセスである。ここでは，観察事実から突然のように仮説が導き出され，いくつかの仮説の中からもっとも確からしそうな仮説がひとまず受け入れられる。ここで用いられる推論形式は，これまで述べたアブダクションである。

　次に，仮説がもし正しいのだとすれば，その結果として，どのような予測が導き出されるのかといった推論が行われる。これは，その仮説が事実に合致するかどうかを確かめるための準備作業に相当する。ここで用いられるのは，妥当な演繹法である。

　そして，最後に，仮説が正しい場合に演繹的に導き出される予測（予言）が，本当に事実と合致するかどうかが確かめられる。ここで用いられるのは，帰納法である。

　このように，アブダクション，妥当な演繹法，帰納法という 3 つの推論形式は，科学的な探求において，それぞれ異なった段階を受けもち，そのいずれが欠けたとしても，「事物の真なる姿」にたどり着くことはできない。その意味で，この 3 つの推論形式は科学的な探求に不可欠な推論であり，そのいずれもが同等の重みをもつものだといえる。図 5-1 は，これまで述べた科学的な探求における 3 つの段階をまとめたものである。

図 5-1 科学的な探求における 3 つの段階と使われる論理

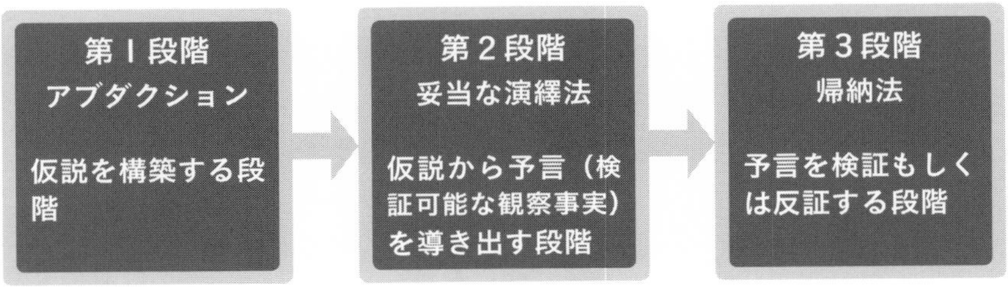

第 1 段階 アブダクション 仮説を構築する段階	→	第 2 段階 妥当な演繹法 仮説から予言（検証可能な観察事実）を導き出す段階	→	第 3 段階 帰納法 予言を検証もしくは反証する段階

IV. 3 種類の正しい推論形式

　　　　アブダクション，妥当な演繹法，帰納法という 3 つの推論形式は科学的な探求に不可欠な推論であり，そのいずれもが同等の重みをもつといえる。これに加えて，パースは，この 3 つの推論形式こそが，論理のもっとも基本的な形式であり，正しい（パースのいう valid）推論であれば，どのような推論もこれらのいずれかの形式になると主張している[8]。

　なぜ，この 3 種類の推論こそが正しい推論の基本的な形式だといえるのだろうか。ここでは，アリストテレスの三段論法を例に取り上げ，パースのいう正しい推論とは何か，そして，これら 3 種類の推論がなぜ基本的な推論形式といえるのかについて考えてみることにしたい。

（7．三種類の正しい推論としての演繹法）

　前提 1　人間であれば死ぬ（大前提）
　前提 2　ソクラテスは人間である（小前提）
　結　論　ソクラテスは死ぬ（三段論法の帰結）

この三段論法は，現代の論理学でいうところの妥当な（valid）演繹法でも

あり，その推論形式によって，前提が正しければ，結論も必ず正しくなるという特徴をもっている。

パースによれば，正しい推論は，必然的な推論と確からしい推論（蓋然的な推論）に分けられ，必然的な推論とは，その推論の正しさが，推論された事柄と前提で措定された事柄との関係だけに依存するような推論であるという[9]。

パースのいう必然的な推論は，現代の論理学における妥当な演繹法と同じである。それは，前提が真である（前提が事実に合致する）限り，結論が真となることが明白な推論である。上記の例で見るように，前提1と前提2の内容が間違いなく事実と合致する場合には，他にどのような事実が生じたとしても，結論の正しさが揺らぐことはない。

これに対して，蓋然的な推論とは，結論の正しさが，「何らかの他の知識（事実）の不在」に依存するような推論であり，このような推論には2種類あるという[10]。その1つが帰納法である。パースによると，帰納法とは，「ある集合にふくまれる若干の事物が，ある特定の性質をもつことが知られているとき，その集合にふくまれるすべての事物もその性質をもつという想定にもとづいて進められる推論」[11]とされる。

（8．三種類の正しい推論としての帰納法）
前提1　ソクラテスは人間である（小前提）
前提2　ソクラテスは死ぬ（三段論法の帰結）
結　論　人間であれば死ぬ（大前提）

この帰納法の例を見ると，ソクラテスは人間という集合に属しており，また，ソクラテスは死ぬという性質をもつ。そして，これら2つの事実を前提にして，人間という集合に属するものすべてが死ぬという性質をもつという結論がこの推論では導き出されている。もちろん，この結論の正しさは，ソクラテスという人間が死ぬという事実のみによって保証されているわけでは

ない。ソクラテスだけではなく，あらゆる人間が死ぬという性質をもつ事実によって確かめられなくてはならないもののはずである。その意味からすると，人間であれば死ぬという結論の正しさは，死なない人間という事実が存在しないこと（つまり，パースのいう何らかの他の知識の不在）によって保たれているといえる。

　蓋然的な推論のもう1つがアブダクションである。彼によると，アブダクションとは，「若干の性質がある事物に属するとき，その若干の性質を部分としてふくむような性質もまたその事物に属するであろうという想定にもとづく推論」[12]である。ここで取り上げたアブダクションの例では，ソクラテスは死ぬという性質をもっている事物であり，また，死ぬという性質は人間という集合にもふくまれるものである。だとすれば，これら2つの前提から，ソクラテスは人間という集合にふくまれると推測することもできるだろう。

（9．三種類の正しい推論としてのアブダクション）

　　前提1　ソクラテスは死ぬ（三段論法の帰結）
　　前提2　人間であれば死ぬ（大前提）
　　結　論　ソクラテスは人間である（小前提）

　この例でも，ソクラテスには死ぬという性質が属していることと，人間にも死ぬという性質しか知られていないにもかかわらず，ソクラテスという何らかの事物に対して，人間という集合に属しているという結論が導き出されている。そして，この結論が正しさを保っているのは，ソクラテスが実は人間ではないという事実が存在しないこと（つまり，パースのいう何らかの他の知識の不在）に依存しているのである。

　このように，パースの論理学では，推論の正しさとは，推論形式ではなく，前提と結論の内容が事実に合致するかどうかという判断基準によって，明確に区分されている。そして，推論の内容が正しい（表現を変えるならば，

推論内容が正しくなくなってしまうような事実が存在しない）という点では，必然的な推論だけではなく，いわゆる蓋然的な推論，つまり，アブダクションや帰納法も正しい論理の範疇に属することがわかる。

　さて，妥当な演繹法であれ，帰納法であれ，アブダクションであれ，アリストテレスの三段論法において，2つの前提から1つの結論を導き出すという基本的な推論の形は同じである。ここで注目すべきことは，帰納法やアブダクションの推論形式は，最初に妥当な演繹法で用いた前提と結論の組み合わせを変えたものとしてとらえることができるという点である。
　この点について，パースは，アリストテレスが，帰納とは小前提と結論（本稿でいうところの三段論法の帰結）から大前提を導き出す推論だと定義したことを述べている[13]。もし同様のことがいえるのであれば，アブダクションとは，結論（本稿でいうところの三段論法の帰結）と大前提から小前提を導き出すような形式ということになる。
　さらに，2つの前提から1つの結論を導き出すという基本的な推論の形は同じでありながら，演繹法や帰納法やアブダクションとは異なる組み合わせをもつ基本的な推論形式がもはや存在しないということにも気が付くはずである。パースが「論理的推論はこれら3つの形式のいずれかに分類できる」と述べる根拠には，このような理由があるのではないかと思われる。

　図5-2は，これまでの議論を簡単にまとめたものである。彼によると，論理的（もしくは正しい）推論とは，妥当な演繹法，帰納法，アブダクションという3つの形式のいずれかに分類できる。また，この3つの推論形式は，必然的な推論（演繹法）と蓋然的な推論（帰納法とアブダクション）に区別できるとはいえ，事実に合致するという点では，そのすべてが正しい推論の資格を備えている。これは，いわゆる論理学の教科書的な見解とはまったく異なり，帰納法やアブダクションといった蓋然的な推論にも，必然的な推論である妥当な演繹法と同等の地位を与えていることになる。

図 5-2 パースによる妥当な推論の類型

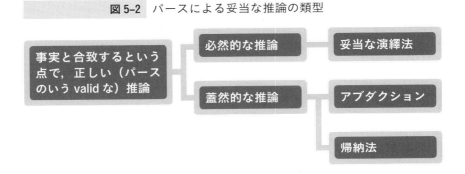

V.　日常的な推論としての アブダクション

　　　　　本章では，パースの科学的な方法と彼の論理学との
関連性について注目し，議論を行ってきた。この節では，これまでの議論を
まとめることにしたい。

　パースによると，アブダクション，演繹法，帰納法という 3 つの推論は，
推論のもっとも基本的な形式であり，科学的な探究に不可欠な推論である。
これらの推論は，それぞれ「仮説を構築する段階」，「仮説から予言（検証可
能な観察事実）を導き出す段階」，「予言を検証もしくは反証する段階」という
異なった段階を受け持ち，そのいずれが欠けたとしても，「事物の真なる姿」
に到達することは難しい。

　3 つの推論の中でも，アブダクションという推論のもつ特徴はきわめて興
味深い。それは，この推論が観察事実の生じる理由を説明付けるような仮説
構築の論理であり，もっとも飛躍にとんだ結論を生み出す論理であるから
だ。おまけに，この仮説構築の論理は，パースが取り上げた 3 つの事例にみ
られるように，われわれがその論理形式を特に意識することもなく，ごく当
たり前のように行う思考の流れに他ならないのである。

これらの点からすると，仮説構築とは特別な才能をもつ人物だけが行える推論などではなく，われわれが本来的に持っている，ごく当たり前の推論といえるかもしれない。さらに付け加えるならば，アブダクションという推論によって，われわれがごく当たり前のように仮説へとたどり着くことができるがゆえに，アブダクションの推論構造を明らかにすることはきわめて難しいのかも知れない。なぜならば，意識することもなく行える思考の流れを明確化することほど，困難なことはないと思われるからである。

[注]

1) 　パースは，アブダクションとまったく同じ意味で，仮説もしくは推定（hypothesis）という用語を使用している。不要な混乱を避けるため，ここでは，アブダクションという用語に統一する。

2) （Peirce　1970）Vol. II, p.375

3) （パース　1968）p.　137

4) （上山　2005）p. 106

5) （上山　2005）p. 106

6) （パース　1968）p. 61, p. 81

7) 　パースは，疑念から信念へと至る方法を4種類に分類している。固執の方法，権威の方法，先天的方法，科学の方法である。科学の方法とそれ以外の方法とが決定的に異なるのは，信念が決定付けられる判断基準である。科学の方法では，経験（観察事実や実験結果）と合致するかどうかといった客観的な判断基準によって，信念が決定付けられる。これに対して，その他の方法では，単なる好みであったり，信じるに値するといった人間的な基準によって，信念が決定付けられる。彼によると，科学の方法のみが事物の真なる姿に到達できるという点で，もっとも優れた方法である。（パース　1968）pp. 63-72

8) 　パースは次のように述べている。
　「すべての正しい推論は演繹的か帰納的か推定的かであり，さもなければそれら三つのうちの二つあるいはすべての結合したものである」（パース1968）p. 135

　　「論理的推論は，演繹，帰納，仮説という三つの主要な形態に分けること
　ができる」（パース　1968）p. 178
ちなみに，ここでいう推定的な推論や仮説とは，アブダクションを指している。
 9)（パース　1968）pp. 132-133
10)（パース　1968）p. 134
11)（パース　1968）pp. 133-134
12)（パース　1968）p. 136
13)（パース　1968）p. 136

あとがき

　本書では，仮説とは何かという問題からスタートし，仮説を生み出す論理は存在するのかという問題について考察を行ってきた。このあとがきでは，これまで述べてきた仮説構築の論理について，簡単にまとめるとともに，現実への応用についてのコメントを付け加えることにしたい。

　本書で紹介した仮説構築の論理は2つである。1つはベーコンが原型を作り，ミルによって定式化された「消去による帰納法」であり，もう1つはパースによって提唱された「アブダクションの論理」である。ミルの「消去による帰納法」については，本書でも述べたように，因果関係を特定するために，今日でもごく一般的に用いられている手法である。

　ミルの「消去による帰納法」が広く用いられている理由としては，この手法がきわめて明確に定式化されていることが挙げられる。そして，この手法は，因果関係を特定するうえで陥りがちな誤りを避ける方策にまで言及していることである。つまるところ，ミルの「消去による帰納法」は，仮説へと至るための単なる発想法ではなく，仮説構築から検証までの重要なポイントを網羅した科学的な方法論でもある。

　これに対して，「アブダクションの論理」を含む，パースの「科学の方法」については，一般的なものになっているとは思えない。アブダクションの知名度は決して低くないと思うのだが，これはどうしたものだろうか。この理由としては，いくつか考えられる。

　まず，「アブダクションの論理」が担当するのは，パースのいう「科学の方法」の最初のプロセスである仮説構築である。仮説を構築する段階は，非常に重要であることは間違いない。だが，このプロセスだけを取り上げて，パースの科学的方法論全体を評価することはできない。少なくとも仮説検証

にまで至らない限り，「事物の真なる姿」にはたどり着くことはできないの
ある。にも関わらず，アブダクションだけが，なぜかクローズアップされて
いる現状がある。パースの科学的方法論の全体像のほうをもっと評価すべき
なのではないかと思われる。

　そして，最大の問題は，本文でも述べたように，アブダクションの論理自
体がそもそも定式化することが難しいことと，また多くの場合，前提の一部
（推論のきっかけとなるような観察事実）しか明示化されないことにある。この特
徴のおかげで，実際にはアブダクションの論理を使って推論した本人でさ
え，その発想の根拠を明確に述べることができなくなるという致命的な難点
がある。アブダクションというのは，その推論を行った本人にとってみれ
ば，それは論理ではなく，限りなく直感に近い発想なのである。このため，
アブダクションによる推論の実例を見出すことはきわめて難しくなる。アブ
ダクションの論理を提唱したパースは別として，この論理の応用例があまり
見当たらないのはそのせいであろう。

　ただし，アブダクションという論理の基本的な考え方はさほど複雑なもの
ではないように思える。本書でも取り上げた「良薬，口に苦し」という例を
振り返ってみよう。この例では，結論を導き出すための全ての前提が明示化
されている。その意味で，前提が完全に明示化されているとはいえないアブ
ダクションの論理構造を正確に示すものではないのだが，分かりやすい例な
ので，これを使おうと思う。

　実際のアブダクションの過程は，「飲んでみたら苦かった」というような
観察事実からスタートする。この観察事実は，アブダクションの論理におい
て通常，明示化されている前提である。次に，この前提をトリガーにして，
苦い味に関連するような知識がおおむね意識されない状態で探索されること
になる。そして，「良薬，口に苦し」というような既存の知識（こちらは通常，
暗黙的な前提である）が見出されたのであれば，これをもう１つの前提にして
推論が行われることになる。推論の中身はパースの述べるように，「後件か
ら前件への推論」である。実際に苦い味がしたという観察事実と「口に苦

し」という後件が一致したのであれば，今度は「良薬」という前件もまた一致すると決めつけてしまう。つまり，今飲んだ苦い飲み物は「良薬」に違いないという決め付けが発生する。

　このような決め付けは，パースの取り上げているほかの事例でも同じである。内陸部で魚の化石を発見した場合にも，そのような事実に合致するような既存知識がほぼ無意識的に探索されるのだろう。それがたまたま「かつて海であった場所では魚の化石が出土することがある」というような既存知識であったとすれば，魚の化石を発見したその場所もまた，「かつて海であった」という決めつけとしかいいようのないような結論へと至ることになる。

　さて，アブダクションの論理は言語を用いたものであると仮定してきたが，知識には言語的なものだけではなく，視覚的なものも存在し，視覚的なイメージがアブダクションのような発想に結び付く例も多い。たとえば，大陸移動説を提唱したヴェゲナーの発想の発端は，アフリカ大陸と南アメリカ大陸の海岸線の形状が似ていることだったといわれる。これは視覚的なイメージであり，これによって2つの大陸はもともと陸続きだったという仮説が生まれたとされる。この発想を言語で表現することはもちろんできる。だが，言葉の発明よりは，われわれの視覚や脳の発達のほうが相当昔だから，アブダクションの論理もまた，もともと言語的なものとは限らないのかもしれない。

　さて，本書を締めくくるにあたり，私の専門である経営学へと話題を変えることにしたい。アブダクションは科学的な仮説を作り出すためだけの論理ではない。パースが挙げたいくつかの事例にも見られるように，われわれが日常的に思い付くような様々な仮説を作り出すような論理でもある。その意味で，アブダクションとは，とても応用範囲が広い発想の論理なのである。私がアブダクションによる発想を考える時に，真っ先に思い浮かべるのはセブンイレブンの元会長である鈴木敏文氏である。

　鈴木敏文氏自身の著作や氏についての著作は多く，私もその愛読者の1人

なのだが，氏の発想には感銘することが多い。それは，小売りのプロフェッショナルとして長年，業務に携わってきた経験から出る言葉もあるのだが，それとは逆に，消費トレンドの研究者たちが主張したことや，他の小売業のプロフェッショナル達が当たり前のように受け止めてきたこととはまったく異なった発想に基づく発言をたびたび行ってきたという理由もある。

たとえば，今からおおよそ10年近く前，氏がまだ現役の経営トップであったころの話である。そのころはデフレの時代の真っただ中で，低価格の商品がやたらともてはやされた時代であった。その風潮に1つの変化を与えたのはセブンイレブンの「金の食パン」（2013年4月発売）に代表される高品質高価格路線だったと思う。氏の主張によると，消費者は決して低価格を求めているのではなく，品質の高さにあった価格であれば，その商品は必ず消費者に受け入れられるはずだというものであった。このような発想は，現在であれば，何のためらいもなく受け入れられるだろう。しかし，当時の風潮からすると時代に逆行しているように思えたことも事実である。結果的に，金の食パンは大ヒットになり，高付加価値で，それに合った高価格商品はセブンイレブンのみならず，他の業界においてもそれから続々と発売されることになる。

振り返ってみれば，鈴木氏の慧眼には感嘆するほかない。だが，ここでの重要な問題は，このようなユニークな発想がどのようにして生まれたのかということである。先に述べたように，私は鈴木敏文氏の著作の愛読者ということもあり，このような発想がどのような根拠をもとにして生み出されているのかということについては強い関心を抱き続けてきた。だが，著作の中にこれという理由を述べた叙述はなかなか見当たらなかった。これは金の食パンのエピソードに限ったことではなく，他のエピソードについても，おおむね同様である。鈴木氏の著作ではないのだが，唯一，ヒントになるような叙述を見つけたのは次のようなものだった。これは，氏のユニークな発想に対して，インタビュアーが「日頃からものごとをいろいろ考えているのでしょうか」と問いかけた際の鈴木会長（当時）の答えである。

「いやいや，私はどちらかというと，直観的な方だから……普段はあまり考えていない。私は生来，ものすごい面倒くさがりやでね。メモも取らない。後で見やしないから。会合なんかでメモを取っている人をえらいなと思います。私はいつも本当に直観，直観。講演も原稿なんて用意もしないし，会議も何の資料も持っていかない。第一，テーマも知らない。ポコッと会議に出て，話を聞いていて，あっ，これはおかしいなと思いつく」[1]

　この後，インタビュアーは「直観で思いつくというのは，どうしてできるのでしょうか」とさらに問いかけるのであるが，鈴木会長の答えは，「そう言われてもねえ……直観は直観だから」というなんともそっけないものだった。

　この記述を読んだとき，私が思ったのは，これは「直観」ではなくて，「直感」にまず間違いないだろうということだった。直観も直感も同音異義語なので，話し言葉ではどちらを指し示しているのかわからない。本書でも書いたように，「直観とは，推論を用いず，ものごとの真相を直接把握すること」であり，これに対して，「直感とは，単なる思い付き」である。これは直感ではないかと，わたしが思った根拠は以下の通りである。

　もし，鈴木会長の発想が直観なるものだったとすれば，それはものごとの真相なのだから，その正しさを確かめる必要など全くない。ところが，氏の最もよく使う言葉は，「仮説の構築とその検証」なのである。ものごとの真相に直接たどり着くような発想に対して，検証などはまったく必要ない。それは，そもそも正しいものだからである。だが，単なる思い付きである限り，検証は必ず必要になる。なぜならば，単なる思い付きであれば，それが正しいものかどうかは全くわからないからである。

　アブダクションによる発想は，本人にとってみれば，論理ではなく，限りなく直感に近いものだということは述べた。だが，このエピソードだけで，鈴木敏文氏の発想がアブダクションによるものと決め付けることは，さすがにできないかもしれない。ただし，鈴木敏文氏の口癖が「仮説の構築とその検証」であるならば，氏が科学的な方法を経営において用いていることだけ

は間違いないだろう。

　最後に，鈴木氏のエピソードも踏まえたうえで，アブダクションの論理を
日常的な発想の局面で用いるときのポイントについて述べてみたいと思う。
まず，最初のポイントは，自分が見たこと，聞いたことをそのまま受け入れ
てしまうのではなく，もし疑念が生じるようであれば，その疑念に対する答
えを考える癖を付けることである。鈴木氏のエピソードでも，直感が生まれ
るきっかけとなったのは，「話を聞いていて，あっ，これはおかしいな」と
思い付くことであった。これはまさに疑念に他ならない。
　そもそも，自分が見たこと聞いたことに対して，何の疑念も抱かないよう
であれば，仮説にたどり着くことは難しいだろう。仮説とは，本書の冒頭で
も述べたように，観察事実に対する「説明付け」であり，その観察事実がな
ぜ生じるのかという問いかけなしには生まれないものだからである。
　次に，疑念の答えとなる仮説を得たのだとしても，それに満足するのでは
なく，体験や実験と突き合わせることによって，その仮説が正しいかどうか
を確かめることが重要である。パースによれば，われわれは探求する存在で
あり，探求は疑念という刺激から生み出されて，信念が得られたときに停止
する。そして，「事実の真なる姿」に到達するためには，仮説を事実と突き
合わせ，検証することがぜひとも必要になってくるのである。
　本書は仮説構築プロセスに主に注目し，仮説を生み出す論理について議論
してきた。本書を締めくくるにあたり，仮説検証の重要性を示唆することで
終わるのもよいのではないかと思う。鈴木氏の最も多く語る言葉が「仮説と
その検証」であることはすでに述べた。科学も経営の方法も，仮説の構築に
始まり，その検証に終わるのである。

［注］
　1）（勝見　2006）pp. 33-34

136

参考文献

- 赤川元昭（2008a）「知識のバランスとコミュニケーションの暗黙化」,『流通科学大学論集―人間・社会・自然編』, 第 21 巻第 1 号
- 赤川元昭（2008b）「仮説構築の論理―演繹法と枚挙的帰納法」,『流通科学大学論集―流通・経営編』, 第 21 巻第 1 号
- 赤川元昭（2009）「経営における論理的思考」, 嶋口充輝監修『マーケティング科学の方法論』, 白桃書房, 第 3 部 8 章
- 赤川元昭（2010a）「ベーコンと新しい帰納法」,『流通科学大学論集―流通・経営編』第 22 巻第 1 号
- 赤川元昭（2010b）「仮説構築の論理―消去による帰納法」,『流通科学大学論集―流通・経営編』, 第 22 巻第 2 号
- 赤川元昭（2011a）「パースと科学の方法」,『流通科学大学論集―流通・経営編』, 第 22 巻第 2 号
- 赤川元昭（2011b）「アブダクションの論理」,『流通科学大学論集―流通・経営編』, 第 24 巻第 1 号
- 石井栄一（1977）『ベーコン』, 清水書院
- 伊勢田哲治（2003）『疑似科学と科学の哲学』, 名古屋大学出版会
- 伊藤邦武（2006）『パースの宇宙論』, 岩波書店
- 伊藤邦武編（2007）『哲学の歴史 8 社会の哲学』, 中央公論新社
- 上山春平（2005）『弁証法の系譜 マルクス主義とプラグマティズム』, こぶし書房
- 内井惣七（1995）『科学哲学入門―科学の方法・科学の目的―』, 世界思想社
- 内井惣七（2004）『推理と論理』, ミネルヴァ書房
- 勝見明（2006）『鈴木敏文の「統計心理学」「仮説」と「検証」で顧客の心を摑む』, 日経ビジネス文庫
- クーン, T. S.（1971）（中山茂訳）:『科学革命の構造』, みすず書房
  (Kuhn, T. S.（1962）*The Structure of Scientific Revolution*, The University of

Chicago Press)
- 久米郁男（2013）『原因を推論する　政治分析方法論のすゝめ』，有斐閣
- 近藤洋逸他（1964）『論理学概論』，岩波書店
- サモン，W. C.（1987）（山下正男訳）：『論理学』，培風館
  (Salmon, W. C. (1984) *LOGIC*, Prentice-Hall, Inc.)
- シュヴェーグラー，A.（1939）（谷川徹三他訳）『西洋哲学史　上巻』，岩波書店
  (Schwegler, A. (1848) *Geschichte der Philosophie im Umreiss*)
- チャルマーズ，A. F.（1983）（高田紀代志他訳）『新版　科学論の展開』，恒星社厚生閣
  (Chalmers, A. F. (1982) *What Is This Called Science?* Second Edition, University of Queensland Press)
- 戸田山和久（2005）『科学哲学の冒険　サイエンスの目的と方法をさぐる』，日本放送出版協会
- 中畑正志（2008）「アリストテレス」，内山勝利編『哲学の歴史1』，中央公論新社
- 高根正昭（1979）『創造の方法学』，講談社
- ハンソン，N. R.（1986）（村上陽一郎訳）『科学的発見のパターン』，講談社
  (Hanson, N. R. (1958) *Patterns of Discovery*, Cambridge University Press
- バターフィールド，H.（1978a）（渡辺正雄訳）『近代科学の誕生（上）』，講談社
  (Butterfield, H. (1957) *The Origins of Modern Science 1300-1800*, G. Bell and Sons Ltd.)
- バターフィールド，H.（1978b）（渡辺正雄訳）『近代科学の誕生（下）』，講談社
  (Butterfield, H. (1957) *The Origins of Modern Science 1300-1800*, G. Bell and Sons Ltd.)
- パース，C. S.（1968）「論文集」，『世界の名著　48　パース，ジェイムズ，デューイ』，中央公論社
  (Peirce, C. S. (1960) *Collected Papers of Charles Sanders Peirce*, Vol. 1-6, edited By Charles Hartshorne and Paul Weiss, Harvard University Press)
- Peirce, C. S. (1970) *Collected Papers of Charles Sanders Peirce*, Vol. I-VI, edited By Charles Hartshorne and Paul Weiss, The Belknap Press of Harvard University Press
- パース，C. S.（1985）（米盛祐二編訳）『パース著作集1　現象学』，勁草書房

(Peirce, C. S.（1935）*Collected Papers of Charles Sanders Peirce*, Vol. 1, Vol. 5, Vol. 6, edited By Charles Hartshorne and Paul Weiss, Harvard University Press）

- パース，C. S.（1986a）（内田種臣編訳）『パース著作集2 記号学』，勁草書房
  (Peirce, C. S.（1935）*Collected Papers of Charles Sanders Peirce*, Vol. 1–8, edited By Charles Hartshorne and Paul Weiss, Harvard University Press）
- パース，C. S.（1986b）（遠藤弘編訳）『パース著作集3 形而上学』，勁草書房
  (Peirce, C. S.（1935）*Collected Papers of Charles Sanders Peirce*, Vol. 5, Vol. 6, edited By Charles Hartshorne and Paul Weiss, Harvard University Press）
- パース，C. S.（2001）（伊藤邦武編訳）『連続性の哲学』，岩波書房
  (Peirce, C. S.（1992）*Reasoning and the Logic of Things: The Cambridge Conferences Lectures of 1898*, edited by Kenneth Laine Ketner with an introduction by Kenneth Laine Ketner and Hilary Putnam, Harvard University Press）
- Peirce, C. S.（2013）*Works of Charles Sanders Peirce*, The Perfect Library
- Peirce, C. S.（2016）*Charles Peirce on Speculative Philosophy*（*Illustrated*）, Timeless Books
- ファイヤアーベント，P. K.（1981）（村上陽一郎他訳）『方法への挑戦』，新曜社
  (Feyerabend, P. K.（1975）*Against Method*, New Left Books Ltd.）
- フラーセン，B. C. ファン（1986）（丹治信治訳）『科学的世界像』，紀伊国屋書店
  (van Fraasen, B. C.（1980）*The scientific Image*, Oxford University press）
- ヘンペル，C. G.（1967）（黒崎宏訳）：『自然科学の哲学』，培風館
  (Hempel, C. G.（1966）*Philosophy of Natural Science*, Prentice-Hall, Inc.）
- ベーコン，F.（2005）（服部英次郎訳）「ノヴム・オルガヌム」，『ワイド版世界の大思想 II-4 ベーコン』，河出書房新社
  (Bacon, F.（1620）*Novum Organum*）
- ポパー，K. R.（1971，1972）（大内義一，森博訳）『科学的発見の論理』上，下，恒星社厚生閣
  (Popper, K. R.（1959）*The Logic of Scientific Discovery*, Hutchinson/London）
- ポパー，K. R.（1980）（藤本隆志他訳）『推測と反駁』，法政大学出版会
  (Popper, K. R.（1963）*Conjectures and Refutations: The Growth of Scientific Knowledge*, Rontledge & Kegan Paul Ltd.）
- ミル，J. S.（1958）（大関将一，小林篤郎訳）『論理学体系 III』，春秋社

（Mill, J. S.（1843）*A System of Logic, Ratiocinative and Inductive: being a connected view of the principles of evidence and the methods of scientific investigation*）

- 米盛裕二（1981）『パースの記号学』，勁草書房
- 米盛裕二（2007）『アブダクション　仮説と発見の論理』，勁草書房

（Russell, B.（1946）*History of Western Philosophy*, George Allen and Unwin Ltd., London）

- ラカトシュ，I.（1986）（村上陽一郎他訳）『方法の擁護』，新曜社

（Lakatos, I.（1978）*The Methodology of Scientific Research Programmes*, Cambridge University Press）

- ラカトシュ，I. 他編（1990）（森博監訳）『批判と知識の成長』，木鐸社

（Lakatos, I.（1970）*This translation of Criticism and the Growth of Knowledge*, Cambridge University Press）

- ラッセル，B.（1970）（市井三郎訳）『西洋哲学史 3』，みすず書房
- ロバーツ，R. M.（1993）（安藤喬志訳）『セレンディピティー──思いがけない発見・発明のドラマ──』，化学同人

（Roberts, R. M.（1989）*Serendipity: Accidental Discoveries in Science*, John Wiley & Sons, Inc.）

▨ 著者略歴

赤川 　元昭（あかがわ 　もとあき）

1994年 　慶応義塾大学大学院経営管理研究科博士課程単位取得
1997年 　経営学博士
現在 　　流通科学大学商学部教授

おもな著作
『マーケティング科学の方法論』（2009年、白桃書房）共著
『日本企業の戦略管理システム』（1997年、白桃書房）共著
『MBA マネジメントブック』（1995年、ダイヤモンド社）共著

▨ 仮説構築の論理

▨ 発行日 ── 2021年2月26日 　初版発行 　　　　〈検印省略〉

▨ 著　者 ── 赤川元昭

▨ 発行者 ── 大矢栄一郎

▨ 発行所 ── 株式会社　白桃書房
〒101-0021　東京都千代田区外神田5-1-15
☎03-3836-4781　📠03-3836-9370　振替00100-4-20192
http://www.hakutou.co.jp/

▨ 印刷・製本 ── 藤原印刷

Ⓒ AKAGAWA, Motoaki
2021　Printed in Japan　ISBN 978-4-561-86055-6　C3030